ウラからのぞけばオモテが見える

――デザイナーの仕事は「奇抜な形を作る」ことでも、何かを「カッコよく見せる」ことでもありません。

デザインとは問題解決のための「新しい道」を見付ける作業です。

「コップの中の水を捨ててほしい」と言われたときに、コップを傾けることは誰にでも思い付きますが、
例えば、コップを温めて水を蒸発させてもいいんです。

コップの中に紐を垂らして毛細管現象で水を吸い出してもいいし、無重力にして水を浮遊させてもいいし、
見えないくらい小さな穴をコップの底に開けておいて、しばらくしたら水が漏れてなくなっていてもいい。

水を張った水槽の中にコップごと入れたらコップ内の水の存在を感じなくなるかもしれません。

こういった「新しい道」を見付けることによって、クライアントに価値を提供するのがデザイナーの役割なのです。

既成概念にとらわれることなく、どこまでも自由でありながら、
ただし、「コップを空っぽにする」という目的は必ず達成しなくてはならないのです。

――この考え方は何もデザイナーに限ったことではありません。

「デザイン」は「デザイナー」だけのためにある知恵ではないのです。

これは、どんなに退屈と思われる単純作業にも当てはめることができます。

たとえば、時間内にゴミを10袋捨てなければならないとします。

ただ漠然と作業をこなすのではなく、
同時に2袋しか片手に持てないゴミ袋をどうやったら3袋持てるようになるのか?

どういう持ち方をしたら疲れにくいか?

何か道具を使うことで、もっと簡単にゴミ袋を移動させられないか?

これらの工夫や思考はすべて「問題解決のための新たな道」を見付けようとしているわけですから、このプロセス自体が立派なデザインなのです。
それによって少しでも快適に、あるいは早く。
それとも、他の人よりも多くのゴミを同時に捨てられたとしたら、
それは新たな価値を生み出したことにほかなりません。
こうした工夫を継続することで、業務に対して「楽しみ」や「やり甲斐」を見出すことができるかもしれないし、ひょっとしたら、出世できるかもしれません。
本書は、そんな「問題解決のための新たな道」の見付け方とその活用方法を2つの章にまとめています。
第1章は具体例を交えながら「10の思考法」として整理し、
第2章はnendoというデザインオフィスの基本的な考え方や、
日々どのようにプロジェクトに取り組んでいるかを「行動術」として綴っています。
この本を通じて、デザインの本質を感じていただき、
問題解決法を1つでも多く発見できるキッカケとなれば、心よりうれしく思います。
また、本書を刊行するにあたり、共同著者として執筆いただいたジャーナリストの川上典李子さん、表紙写真ほかを撮影していただいた写真家の林雅之さん、本書のデザインを担当していただいたアートディレクターの加藤恵さん、取材にご協力いただいた多くの方々、編集長の下川一哉さんほか日経デザイン編集部の皆様に感謝いたします。

佐藤オオキ

第1章

nendoの思考法

「面」で考える

佐藤オオキを代表とするデザインオフィスnendoの設立は２００２年。

建築を専攻した早稲田大学大学院を修了後、仲間５人との卒業旅行がデザインの世界を知るきっかけだった。４月、ミラノ国際家具見本市が開催中のこと。「建築家が家具やプロダクトのデザインでも活躍しているなど、ボーダレスな創作活動に衝撃を受けました。また、一般の人々を巻き込んで街全体がデザインで活性化している様子にデザインの未来を見た気がしたのです」と言う。「自分たちもいずれここで出展してみたい」とnendoを設立。その事務所名には、形や色を無限に変える粘土さながら、ミラノで感じた自由な発想と創作活動を実現したいという想いが込められている。特定の分野に特化することなく解決策を示していこうという姿勢は、今日まで全く変わっていない。

「もっとも、会社として経営が安定し始めたのは活動5年目頃からですが……」と佐藤。そして今では常時２５０以上ものプロジェクトを抱えるほどに成長した。景気の停滞を受けて社外デザイナーを起用しての製品開発が減少する時代にあって、この数は異例だ。

２０１３年のミラノサローネでは、個展も含め20カ所で彼らの作品を目にすることができた。欧州を中心とする海外企業とのプロジェクトも多く、世界を飛び回りながら活動している。第１章では、彼らが10年間の試行錯誤のなかで見出した思考法を10のキーワードとともに見ていこう。nendoは、なぜこれほどまでに多くの企業に信頼されているのだろうか。

メッセージの「面」を作る

企業と仕事を行ううえで、佐藤にはこだわりがある。

「１つの商品の売り上げを伸ばすことは、実はそれほど難しいことではありません。ある商品をデザインすることで利益をもたらすことは大切ですが、短期的な利益以上に重要なのは、企業や商品のブランド価値を高めたり、同じ企業の別の商品の売り上げが伸びたり、社内の意識改革や業界全体の活性化がなされることです。１つの商品によって長期にわたってもたらされる価値を生み出すためには、その『産みの親』である企業の総合的な価値を広く伝えていく必要があります」。

自らのこだわりを語るとき、穏やかな表情はそのままに、口調は少し強く、より流暢になる。佐藤を中心とするnendoが特に大切にしているのは、仕事をともにする企業の特色であり、それを支える「面」としてのメッセージにほかならない。

「『点』ではなく『面』的に考えることで、企業の特性、ブランドの力をより強く発していくこ

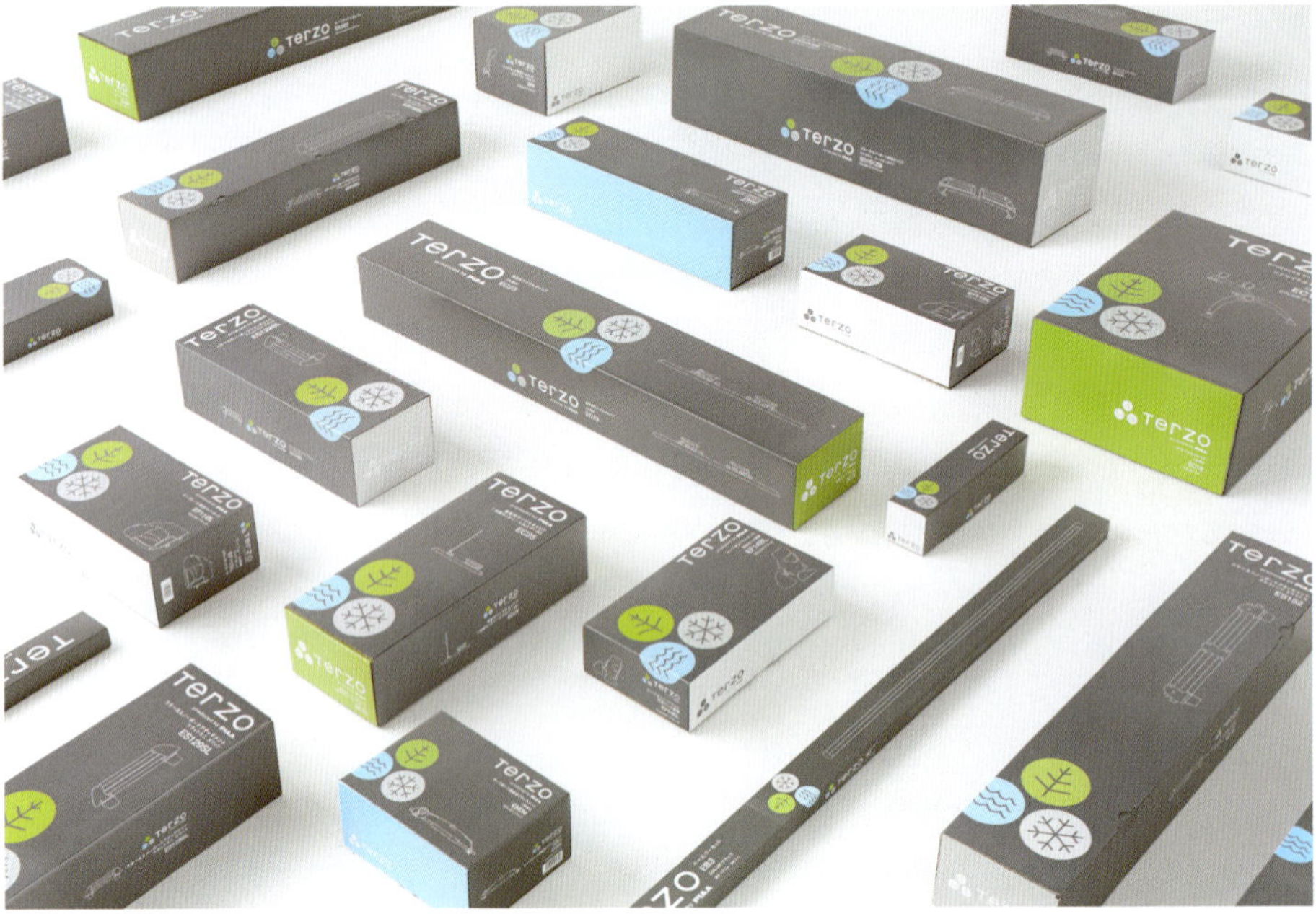

Terzoのパッケージ。グラフィックを統一し、面としてブランドを表現。「ウィンター」、「マリン」、「マウンテン」というアウトドアの3ジャンルになぞり、パッケージのメーンカラーを3色で構成した

写真：吉田 明広

Terzo「symmetrick」。ブランドリニューアルに伴ってデザインしたルーフボックス。ロゴやパッケージ、カタログ類だけでなく、主力商品も手がけることでブランドメッセージを面的に展開した

写真：岩崎 寛

とができます。商品を個別にとらえたり、細かな差別化に躍起になっていてはいけません」。

「『葉』を1枚1枚デザインすると、一見すると木が変わったかのように目には映りますが、実際は本質的な部分は何も変わっていないのです。『幹』あるいは『根』をデザインすることで、その後にデザイナーの手を借りずとも、そこから生えてくる葉はおのずと魅力的なものになっていくのではないかと思います。なので、経営とデザインは決して切り離すことができません。根幹をデザインすることは、企業のブランドアイデンティティーを確立し、面的に発信していくことにつながります」。

この発言には10年の活動が反映されている。nendoのクライアントは4割が日本企業で6割が海外企業。海外企業と仕事をするなかで、彼らがブランド力を地道に築くために社外デザイナーを活用していることを知った。

「印象的だったのは、海外企業には企業としての明快なビジョンがあり、その延長上に個別の商品が位置付けられていて、何を目的としているのかについても、担当者が自分の言葉で熱く語ってくれることです。企業トップやプロジェクトを率いるクリエーティブディレクターはブランドに対する明快な姿勢を持ち、判断も迅速。nendoのような外部デザイナーに求める内容も明確です。『ブランド全体として成長を遂げよう』とする強い意思があるからだと思います」。

一方、日本企業の製品開発の特色は、製品スペックでの細かな差別化を常に意識する点だ。

「ユーザーに必要とされるものよりも販売店の棚に並ぶかどうかに神経をとがらせてしまい、従来モデルや競合製品との無理な差別化や、営業しやすい特徴を求めているようです。その結果、過剰とも言えるオーバースペックの製品が生まれている。『新しい思想』を打ち出すことで他社との差別化を実現しようとする海外企業とは対照的です。日本企業にいま必要なのは、企業やブランドの魅力や世界観を伝えるコミュニケーション手段としての製品開発だと思います」。

あらゆる企業活動に「面」の思想を

日本では「高品質の製品さえ作れば、放っておいても売れる」「見る人が見れば分かる」という考えが多くの企業に根づいている。その状況に対しても佐藤ははっきりと疑問を示す。

「ユーザーに価値が伝わらないと意味がありません。そのためにはお客様の目の前に商品を置くだけでなく、それがどういった意図や思いで作られたのか、そしてそれがどのような価値を将来にもたらすのかを伝える努力をしないといけません。『現在』だけでなく、『過去』と『未来』も含めた時間軸の『面』です。そのためにはユーザーとのあらゆるタッチポイントをフルに活用する必要があります。商品を『点』として見せるのではなく、その周囲の環境や手に取るカタログなど、複数の要素を組み合わせることで『面』的なメッセージが形成され、伝わりやすくなるのです」。

かかわったプロジェクトの1つに、エステーの電池式自動消臭スプレー「自動でシュパッと消臭プラグ」の本体やパッケージのフルモデルチェンジがある。鈴木喬・前社長が「デザイン革命」を掲げ、エステーの主力製品となる消臭芳香剤を強化していた2009年のプロジェクトだ。

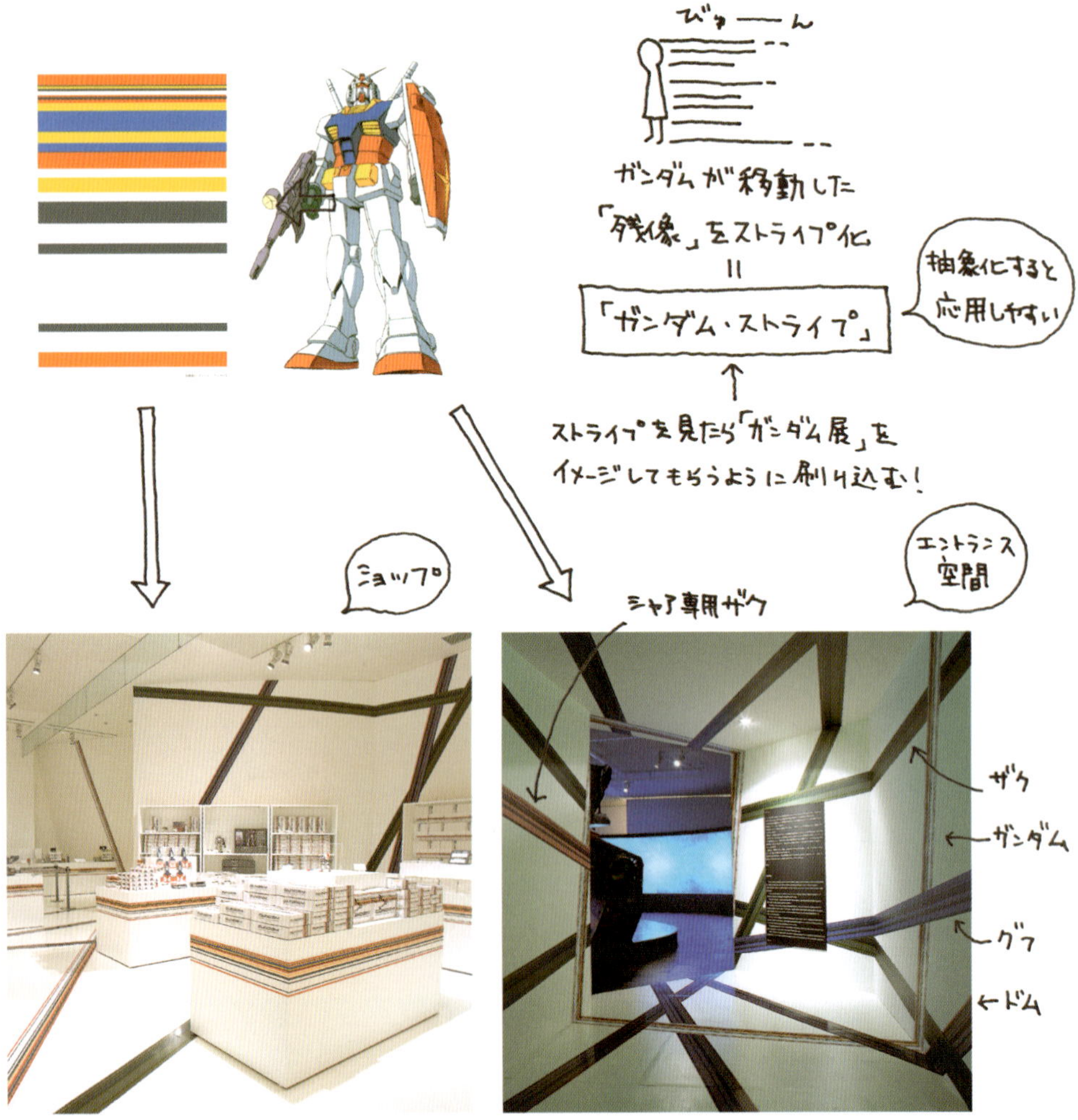
びゅ――ん
ガンダムが移動した
「残像」をストライプ化
＝
「ガンダム・ストライプ」
抽象化すると応用しやすい
ストライプを見たら「ガンダム展」を
イメージしてもらうように刷り込む！
ショップ
エントランス空間
シャア専用ザク
ザク
ガンダム
グフ
ドム

サントリーミュージアム天保山「GUNDAM展」。ガンダムに使われている色を抽出し、空間やグッズに面として展開した

作図とイラスト：佐藤 オオキ

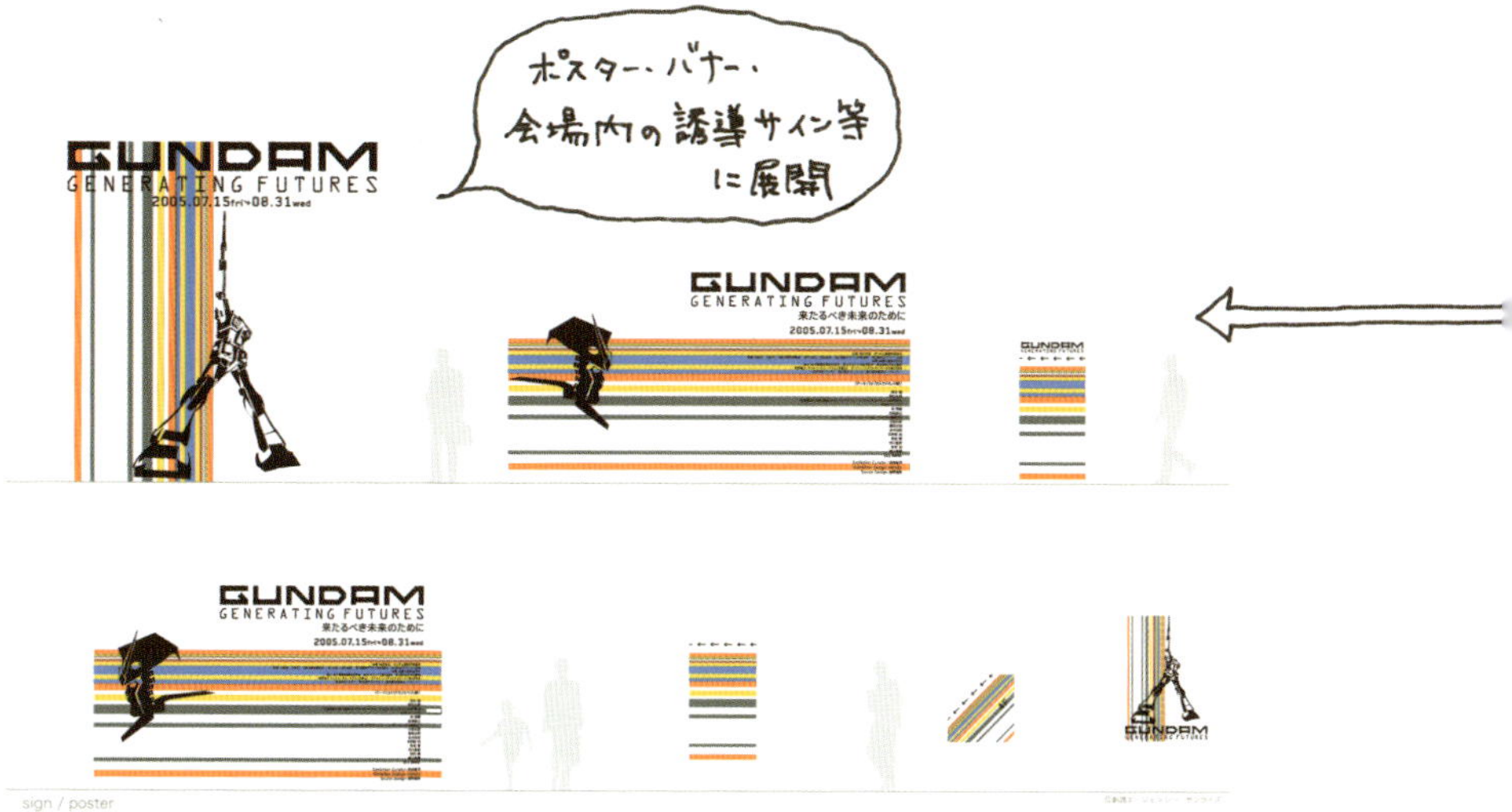
ポスター・バナー・
会場内の誘導サイン等
に展開
GUNDAM
GENERATING FUTURES
2005.07.15fri~08.31wed
来たるべき未来のために
sign / poster

ショップ用の
グッズに
tote bag
T-shirt
cookies
tie
mobile strap
notebook
GUNDAM-bear
candy
DVD
女性を
ターゲットにした
「ガンベア」

活躍中のデザイナー数人に会ったうえで、nendoにデザインを依頼した理由を、鈴木貴子・現社長（当時は外部アドバイザー）はこう述べる。「nendoと仕事をしたいと強く思った理由はいくつかありました。最初に連絡をした時点ですぐに近所のドラッグストアでエステー製品を多数購入し、使用してくれたこともその1つです。弊社製品を広く深く、調べてくれており、彼らのスタジオを訪ねた段階ですでに的確な意見をいただきました」。

nendoは新製品「ウィルスアタッカー」の開発のほか、「消臭プラグ」「消臭力」本体デザインのリニューアルも行った。佐藤によると「これまでは価格や用途などによって分類されていた製品群を、横方向から串ざしにしたいと考えました」という。さらに、店頭用のポスターやPOP、陳列用什器に加え、関係者向けの新商品発表会の企画も提案。エステー本社内の会議室をデザインミュージアムに見立てた展示会も行った。

「エステーとの仕事は同社の『コレクション』を作る作業でした」と佐藤。

「大きな企業なので、同じようなシーンで使われるアイテムが全く違うデザインで販売されていました。電気を用いた消臭・芳香剤に関しても開発チームや担当者それぞれが独自に香りのバリエーションやパッケージを企画していました。

香りをそろえ、パッケージのアイコンや色使いをある程度統一するだけでも、コレクションに見えてくるのです。同じ考え方から、カタログ写真の撮り方も共通するようにしました。このようにコレクションとしての関連性を持たせることで、エステーとしてのアイデンティティーが浮かび上がるだけでなく、アイテム1つひとつの強みをはっきり打ち出すためのプラットフォームを形成することができるようになったのです」。

佐藤の「面」の発想は、店舗設計でも同様だ。好例となるのが、ニューヨークを拠点に誕生したファッションブランド「Theory（セオリー）」の店舗デザイン。アンドリュー・ローゼン氏が立ちあげたセオリーは、現在、ファーストリテイリンググループの1社として米国的な考え方と日本的な考え方の双方を受け継ぐ企業となっている。このブランドの店舗デザインの依頼を通して、「世界中のセオリーの店舗に統一感を持たせてほしい」、「立地条件や周辺環境などを考慮した『個別解』を導いてほしい」との依頼が佐藤のもとに寄せられた。

「ファストフードのショップを世界各地に作っていくような単純複製のデザインではなく、立地ごとに個別のデザインを展開しながらも、素材やディテールなどで横断的なつながりを維持させようと考えました。『世界各地のすべての店舗を合わせて1つの店舗』という考えで、これもまさにデザインの面的な展開と言える思考法です」。

すでにロサンゼルスをはじめとする米国の5店舗のほか、パリ、ロンドン、北京、上海、ソウル、香港、台湾の店舗を手がけ、国内でも青山本店ほか複数店舗をデザインしている。

「ほかの企業とのプロジェクトのように、異なる複数の媒体で面を形成する手法とは違い、インテリアという単一媒体を使って『地理的な面』を生み出す作業です」。

ブランドメッセージを発信し続ける海外企業から「面」を重視する姿勢が支持されている点も興味深い。イタリアのキッチンメーカー、Scavolini（スカボリーニ）とのプロジェクトでは、市場で大きなシェアを占める同社のキッチン製品を主軸として、リビングやバスルームまで、広く網

「Bisazza Bagno」。バスタブから始め、水周りの機器から家具まで、面としてのコレクションを発表

写真：Bisazza

羅するようにかかわっている。デンマークの大手家具メーカーBoConcept（ボーコンセプト）とは、家具だけでなく雑貨や食器など、13アイテムからなるコレクションを開発中だ。

「目を外に向けることで新たな可能性を作ることができ、オプションを次々と広げていける」と佐藤。ミラノサローネ時に常に注目を集めるイタリアの高級モザイクタイル・メーカー、Bisazza（ビザッツァ）とも同様に「面」の活動を進めている。佐藤はバスタブのデザインから始まり、空間全体を想定したアイテムをすでに15以上提案。これが高く評価され、「エル・デコ インターナショナル デザイン アワード２０１３」でバスルーム部門賞を受賞した。

面であることがもたらす効果

面としての展開は、企業の特性を打ち出す以上の力も発揮する。佐藤の考えを引用しておこう。

「他社が安易にコピー製品を作ることを防ぐ役割です。現在の技術があれば1つのプロダクトをコピーすることはそれほど難しくありませんが、面的な展開をしていれば、ただ1点がコピーされたところで、それほど脅威にはならないのです。『コレクション』という考えで複数製品に関連性を持たせることが何より重要です。横断的な商品群の発想を持ちながらビジネスの根幹にデザインを生かすことができるのです」。

さらに商品間のバランスを図るうえでもメリットがある。

「商品ごとに採算を合わせる必要をなくすことができます。『利益率が低いがＰＲ効果やメッセージ性の高い商品』や『利益を見込める商品』などを組み合わせることで、商品にメリハリを持たせながら互いの短所を補い合うことができます。無理のない収益計画を成り立たせることができるということです」。

鈴木貴子氏（エステー 代表執行役社長）

「デザイン革命」を弊社の鈴木喬・社長（当時、現会長）が掲げた2009年、私は外部アドバイザーとして活躍中のデザイナー数人にお会いしていました。ご自身の世界観とエステー製品との差にとまどいを示される方もいましたが、nendoは弊社商品を真正面から見据えて考察してくれました。他人事ではなく自身のこととして考えてくれている、その姿勢に感銘を受けました。

佐藤オオキさんからのプレゼンテーションでは、さまざまな方向性を示した提案を10以上、モックアップ持参で示してくれました。それほどまでに入念な準備や理論だてたプレゼンテーションはかつてなく、社員たちが言葉も出ないほどに感激していたことを覚えています。

「自動でシュパッと消臭プラグ」を内部構造から見直し、小型化してくれたときにも同様です。その後も外部デザイナーと企業という構図ではなく、チームとしてともに悩みながら、より良い方向を追求するセッションを重ねることができました。スピード感を伴うnendoの提案は、当社のデザイングループはもちろんマーケティングや商品開発などすべてのスタッフに刺激となり、

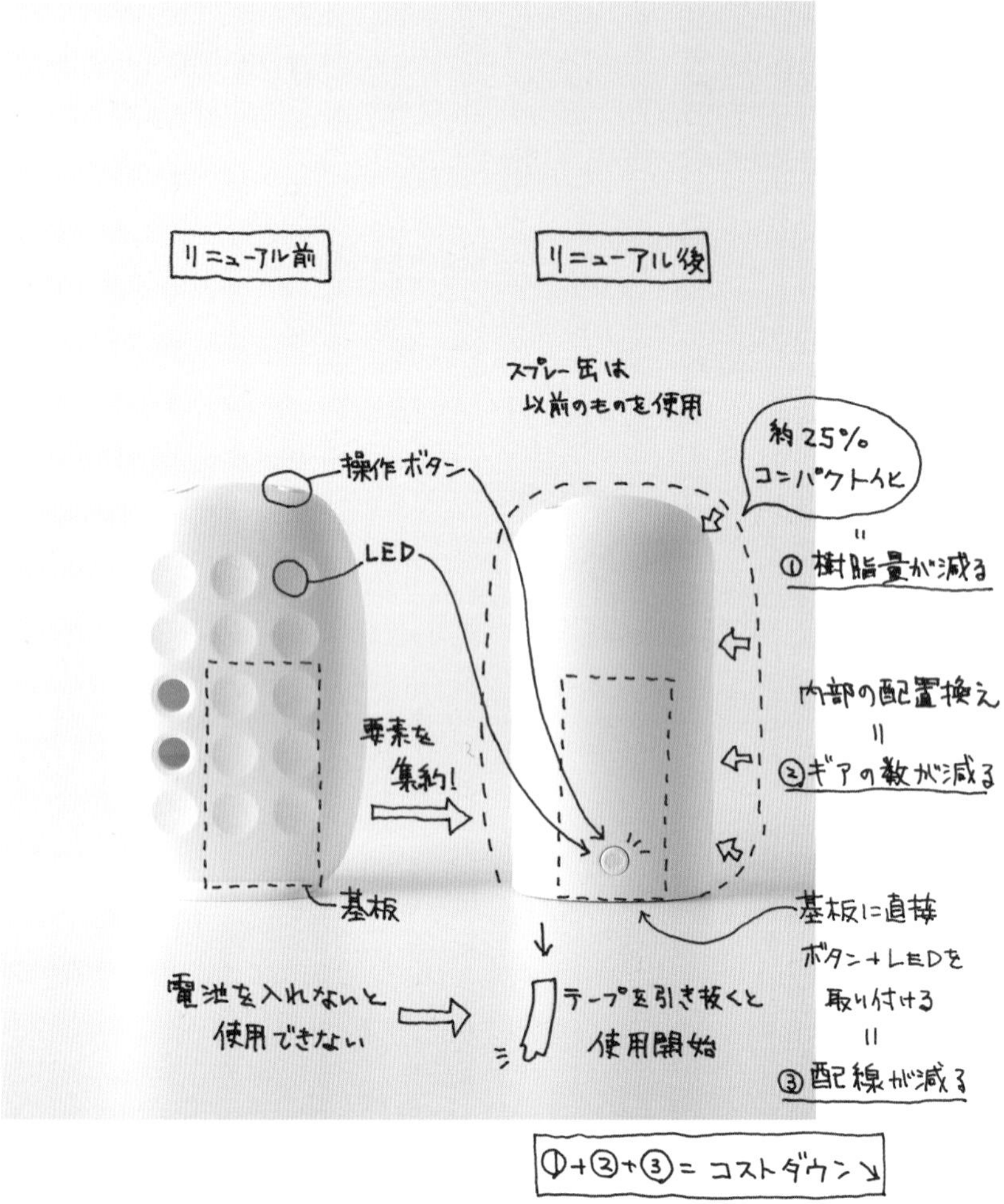
リニューアル前
リニューアル後
スプレー缶は以前のものを使用
約25%コンパクト化
操作ボタン
LED
① 樹脂量が減る
内部の配置換え
② ギアの数が減る
要素を集約!
基板
基板に直接ボタン+LEDを取り付ける
③ 配線が減る
電池を入れないと使用できない
テープを引き抜くと使用開始
①+②+③ = コストダウン↘

写真：林 雅之

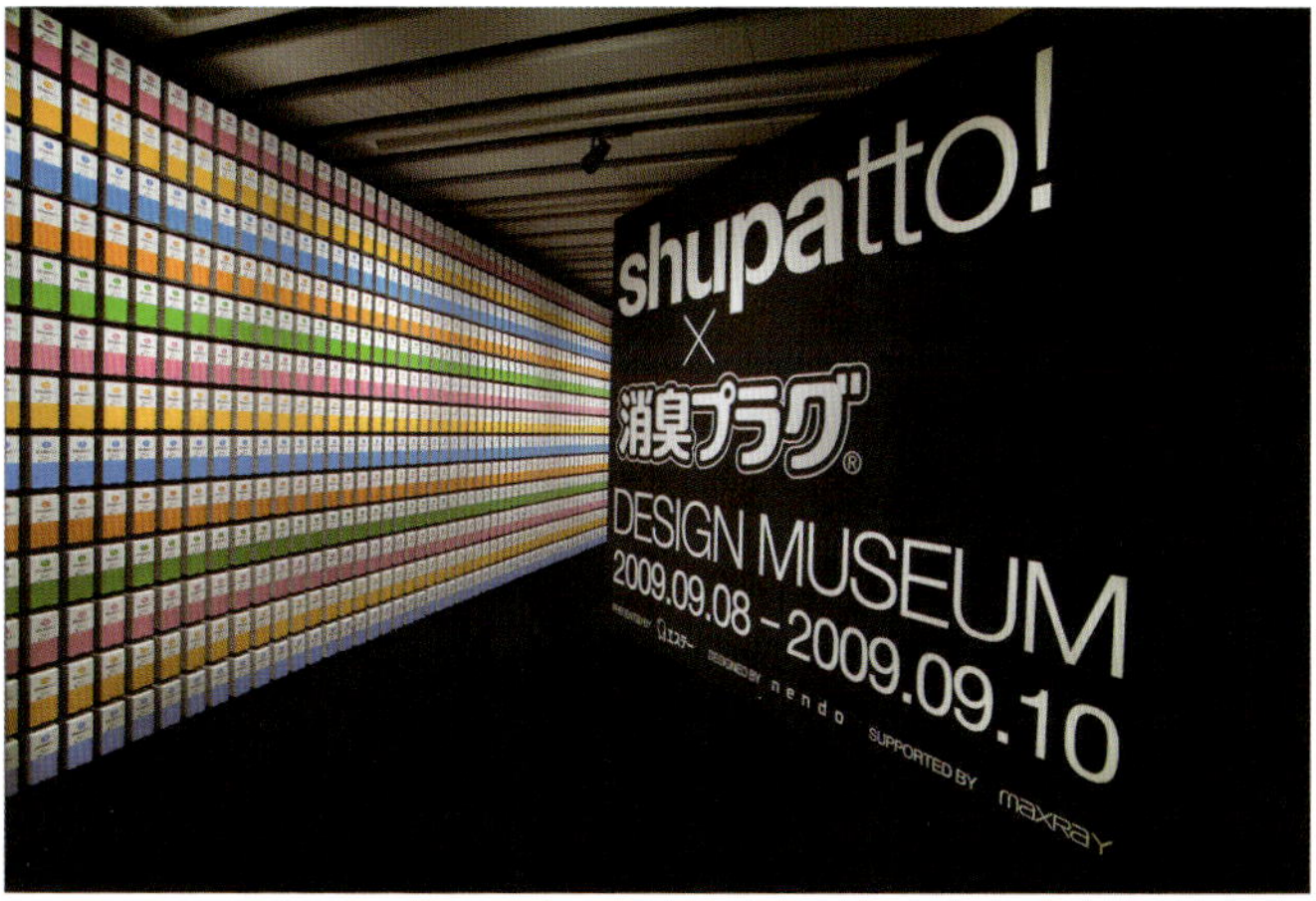

エステー「自動でシュパッと消臭プラグ」。製品のデザインだけでなく、パッケージや新製品発表会場もデザイン

写真上：Jimmy Cohrssen
写真下：林 雅之

デザイン革命を進めていこうという気持ちを高めてくれました。

芳香剤や消臭剤のような日用品は量販店などで扱われ、こうした売り場での商品群では強く主張することを前提としたパッケージや商品が一般的です。スポーツ新聞の見出しのようなものが多いのです。ユーザーに対する温かな眼差しに欠けているのではないかと、私は以前から感じていました。伝え方にはさまざまなアプローチがあるのだということを具体的に示してくれたのが、nendoによる「自動でシュパッと消臭プラグ」のモデルチェンジでした。これらの日用品は商品を手にした際の収まり具合が重要ですが、社内開発ではつい欠けてしまいがちな点です。製品の発売は２００９年９月で、翌年２月には前年比２倍の販売実績を達成しています。

佐藤さんはいつも自然体で、暮らしのなかに存在するものを見ているのでしょう。結果として、企業の活動全体を考えることになっていることが分かります。このときも次々と提案をしてくれ、プロジェクトが広がるように進んでいきましたが、こうした進め方も我々には初めてのことでした。本社会議室をミュージアムにしようという提案もその１つで、記者会見の会場デザインや販売什器のデザインもお願いしています。製品の意図を伝え、理解してもらうためのコミュニケーションはブランド力の鍵となりますが、会議室がミュージアムとなったときの社内の衝撃は、何かを壊し、変えていこうとする弊社の新たな一歩の始まりでもあったのだと思います。

また、nendoとの仕事をきっかけとして、社内の発想方法も変わっていきました。まさにデザインに対する意識変革で、これは今日まで続いています。

製品開発では当然のことながら日々の暮らしを楽しくするものであることが重要で、製品を目にする人や使う人のためのやさしさ、思いやりを忘れないでいたいと思います。今後は私自身が最終デザインをすべて確認していきます。デザインはエステーの資産の1つです。

「全く見たことのないものではなく、本来あるべきものであるはずなのになぜかなかったもの、それを補完するように仕事をしていく」と佐藤さんは述べています。その考えに強く共感を覚えています。（談）

柳井一海氏（リンク・セオリー・ジャパン 会長）

コンテンポラリーブランドとして現代女性のライフスタイルに合うことを重視し、敷居の高さを感じない店舗でありたいと、Theory（セオリー）創業者のアンドリュー・ローゼン氏と常に話をしています。ラグジュアリーブランドのように緊張した店舗ではなく、我々の店は気楽に入って楽しんでもらえる場でありたいと思います。また、良い商品がよく見える店であること。生地やカット、仕立て、服のシルエットはラグジュアリーブランドにひけをとらないということがコンセプトとしてあります。

これまで店舗デザインは社内で行っていたのですが、今後のグローバル展開を考えるうえでも、グローバルな視点を持って世界規模で活躍する優秀なデザイナーと組みたいと考えました。我々のリテールコンセプトを世界各国の店舗からも表現するためです。

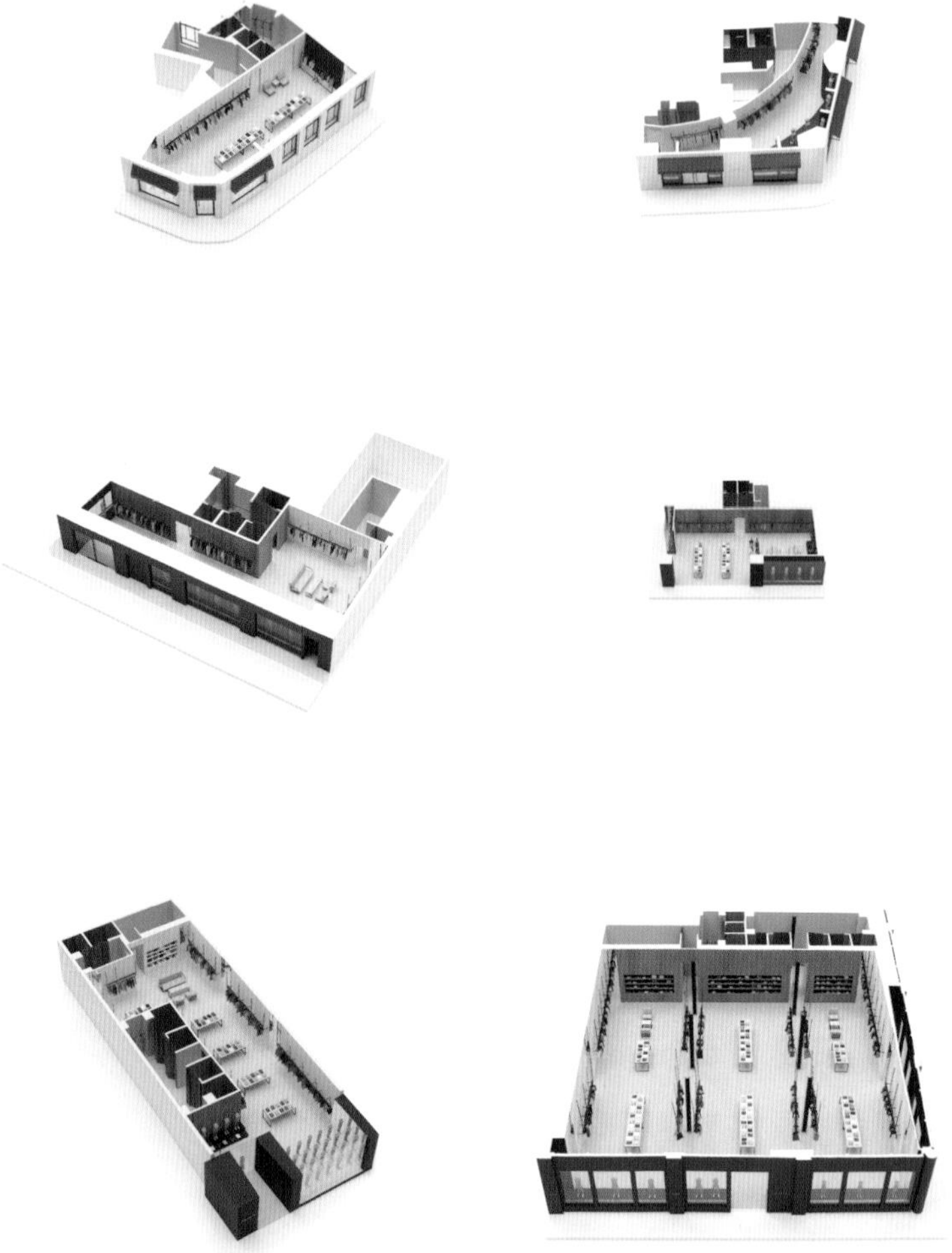

左上から順に、ロンドン、パリ、自由が丘、上海、ノースビバリー、ニューヨーク店。「世界各地のすべての店舗を合わせて1つの店舗」という考えでデザイン

写真：岩崎 寛

Theory・メルローズ店（米国）

写真：阿野 太一

店舗は海外と日本が半々です。クリエーティブの判断はローゼン氏を中心にニューヨークのチームが主導しますので、我々ニューヨークチームと英語で直接コミュニケーションができ、日本を含む各地の店舗を具現化していける佐藤オオキさんの能力は大きなプラスです。欧米と日本、双方の文化や条件を解釈し、消化し、具現化する才能を持つ人物として、佐藤さんはパーフェクトな存在です。毎月の電話会議のほか、頻繁にニューヨークに来てもらって打ち合わせをし、新物件の候補が挙がったときには必ず場所を確認してもらっています。

青山本店のほか、ロサンゼルスの数店舗やパリ、ロンドンなど、重要な店舗をすでに手がけてくれています。立地状況もさまざまなので各店舗の環境条件を満たす必要が出てきますが、基本となる素材や色を用い、什器をデザインし、各地の店舗全体でセオリーの世界観を貫くように実現してくれています。マイナスとも言える条件もプラスに転じながら店舗としてくれます。狭いうえに難しい場所に柱が立っていたパリの物件でデザインをお願いしたときには、柱を上手に隠し、狭さを感じさせない空間に作りかえてくれました。

佐藤さんはここニューヨークに暮らしているのではと思うほど、物理的な距離を感じさせません。また、作業のスピード感に加え、本人がゆずれない点やセオリーに対する考えをはっきりと述べてくれます。佐藤さん自身がプライドとともに仕事をしており、尊重し合う形で意見交換ができることもすばらしい点です。理由があっての意見ですから、やりとりを通してプロジェクトの質が高まっていきます。服の見え方を吟味し、主役の服がきちんと見え、服が輝くことを想定した店舗を考えてくれる。服を扱う企業にとって重要な点を実現してくれています。(談)

一歩「下がる」

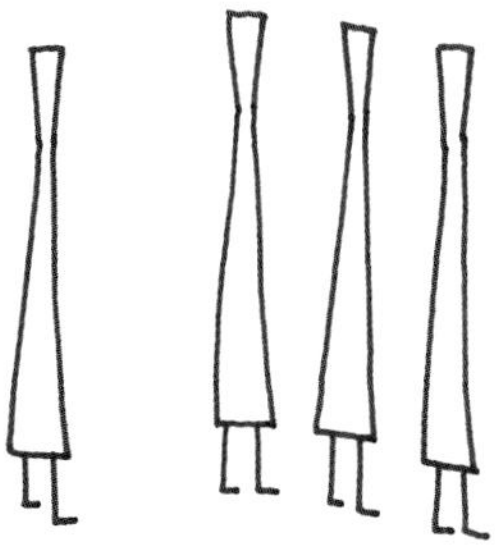

デザイナーとしてスタートしたときから現在まで、試行錯誤の繰り返しのなかで精一杯やるしかないと考えてきたと語る佐藤オオキ。多くのプロジェクトを通して実力を積んできた。

「ほかのデザイナーよりもすぐれた武器を持っているとは思いません。誰も見たことがないような魔球を投げられるわけでも、時速１６０キロメートルの豪速球をビュンビュン投げられるわけでも決してありません。できることを生真面目に、ひたすら一生懸命にやる。nendoはどこのデザイン事務所よりもデザインのことを考えている時間が長いというだけのことだと思います」。

その試みのなかで、「一歩『下がる』」思考法がある。自分たちの力で圧倒するのではなく、クライアントの能力や商品力を最大限に生かすために一歩下がる。合気道のような手法だ。「大切なのは、一打で相手を倒そうと一撃必殺さながら力でねじ伏せる作業ではない」と佐藤。

声高に主張し、声を張り上げるだけが賢明な伝え方ではない。重要なのはメッセージが何であるか、また、どのような環境でどう伝えていくのか。「どうしても気になる」製品として伝える

+dから発売したティッシュディスペンサー「kazan」。ティッシュボックスをキレイにおおうのではなく、ボックスそのものを取り除く、「引き算」のデザイン

写真：岩崎 寛

世嬉の一酒蔵「coffee beer」。コーヒーの香りを楽しめるビール。商品名や文字要素を極限まで削ぎ落して、コーヒー豆のシールを貼ることで「手作り」感を強調する

写真：岩崎 寛

ために一歩下がってみる、声を小さくしてみる……といったデザインの手法。イソップ童話の『北風と太陽』にも似ている。

「多くの商品にあふれた環境ではとくに、効果を上げることができます」。

nendoが企画段階からかかわった製品に、ロッテの口臭除去ガム「ACUO（アクオ）」（2006年〜）がある。店頭で人々が商品の購入を判断する時間は、一般的にわずか0・2秒と言われている。瞬間的に訴えなければならないガムのパッケージもまた、売り場の棚を意識した営業的視点や他社製品との差別化をはかるために派手で目立つパッケージになりがちだ。佐藤は「20代、30代の若者が持っていても恥ずかしくないパッケージ」を考え、「ギラギラ感を抑えて一歩下がってみる」方法をとった。「バッグの中や引き出しに入っている佇まいを意識しました。購入するまでは0・2秒の接点ですが、その後何日間あるいは何週間か一緒に過ごすことに配慮したデザインを目ざしました」。

上品なマットシルバーにこだわったパッケージとし、ミントの清涼感は緑色のグラデーション、企業情報やロゴなどは白一色としている。角度によっては印刷された文字が見えなくなり、シンプルに見えるのは商品名のみだ。「要素を可能な限りそぎ落とします。人々に直感的に伝わりやすい『感じるデザイン』です。周囲の皆が絶叫しているなか、ひとり小声でつぶやいていたら、何を言っているのか気になった人々が耳を傾けてくれるのではないだろうか?と考えました」。人が何かに注目する特性は、ほかとの違いを知覚することのできる視覚の示差性にあるとされる。控えめであるという差異が注意をひきつけるのだ。

あえて一歩下がった動きであったとしても、反響は計り知れない。

「小さなアイデアが広がることで、結果的に大きな影響を及ぼせるかどうかなのだと思います。『ブラジルで1匹の蝶がはばたくと、テキサスで大竜巻きが起こる』というバタフライ効果なる考え方があります。最初に与えられた小さな差が、予測不能な変化を経て、結果的に大きな影響を生んでしまう可能性について述べたものです」。

アクオの発売直後、ロッテのガム製品ではかつてなかった週間売り上げを記録。佐藤はその後も同製品のパッケージにかかわっており、2013年段階で8代目のパッケージとなる。

「半年から8カ月のサイクルで新しいパッケージが登場します。そのつどアクオのDNAを生かしたシンプルなパッケージを基本としながらも、押してみたり、引いてみたり、振り幅をコントロールしながらデザインするよう心がけています」。

いかにシンプルに、受け手の感情に伝えることができるのか。多種多様な製品が並ぶなかで、「スッ」と感じとれる製品を実現できるのか。佐藤の考えをさらに引用しておこう。

「突飛な発想が求められているのではなく、人々の日常的な感情に響いて初めて、アイデアは価値となります。そのためにも、モノ作りにおける欠点を長所に変え、共有されるアイデアとして具体化できることが重要になってきます」。

2012年にnendoが日本コカ・コーラとともに行ったプロジェクト「Coca-Cola Bottleware（コカ・コーラ ボトルウェア）」も、一歩「下がる」ことで結果として企業のアイデンティティーを極めて明快に打ち出すものとなった。

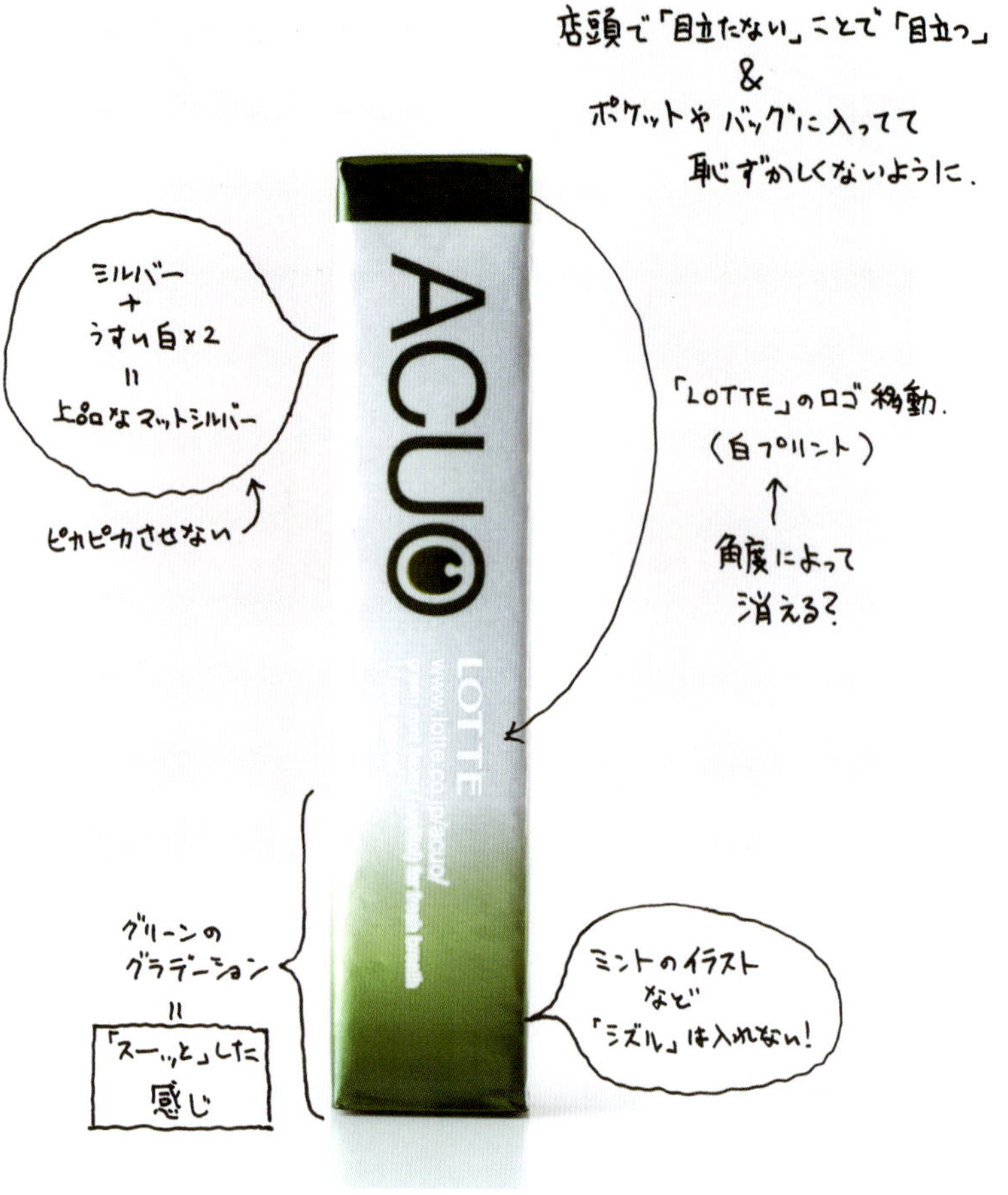

ロッテ「ACUO」

写真：林 雅之

一歩「下がる」

ACUO
LOTTE
POWDER
ACUO
LOTTE
POWDER
ACUO
POWDER
ACUO
LOTTE
ACUO

写真：林 雅之

コカ・コーラの誕生は1886年に遡る。現在も変わらず使われているソーダガラス素材のボトルはその後1916年に開発されたもので、日本でもコカ・コーラの発売が始まった1957年から流通している。「暗闇でも触っただけで分かるボトルを」との考えから生まれた、くびれが特色のコンツアーボトル。それだけで強いアイコン性を持っている。

同社では使用後のボトルを回収し、再利用している。それらのリターナブルボトルから、劣化などで役目を終えたものを100%再利用したテーブルウエアを作るプロジェクトが企画され、nendoがデザインを担当することになった。このプロジェクトで佐藤は再生ガラスの魅力を生かした提案を行った。

「再生ガラスを100%使っていることで細かな気泡や歪みがどうしても生じてしまうのです。これが最大の問題であり、欠点でもありましたが、試作を重ねるうちに、実はそれこそが再生ガラスの魅力だと思うようになりました。そこで形はシンプルにし、ジョージア・グリーンと呼ばれる独自の色もそのまま生かすことにしたんです」。

リターナブルボトルを粉砕したものは製作現場である青森県のガラス製造メーカー、北洋硝子に運ばれる。吹きガラス用の棹の先に巻き取ったガラスが金型に入れられ、1点、1点吹き上げて製品が作られるのだが、佐藤がデザインしたのはコカ・コーラのボトル上部を水平にスパッと切りとり、残った底部分がそのまま形にされたように感じられるテーブルウエアだ。色や質感にコカ・コーラのボトルのアイデンティティーが生かされている。

佐藤が注目したボトル要素の1つが、ボトルの底に施されている「ナーリング」と呼ばれる衝撃緩和のための多数の突起。ナーリングは決して目立つ存在ではないが、ボトルを手にとり飲もうとするときには必ず視界に入ってくるものでもある。

「ナーリングをさりげなく食器の底にあしらうことで、ボトルをラッパ飲みしたときの最後に現れる風景、つまりボトルの底の姿を思い出してもらいたかったのです。また、ガラスが再生されることで循環するイメージや人と人とがリング状につながっていくことを想起させたいと考えました」。

個人の経験にすでに結び付いており、知覚可能なサインが、コカ・コーラを思い起こす「手がかり」として機能する。さらに皿や器のエッジの丸みは、ボトルの飲み口を想像する手がかりだ。コカ・コーラといえば赤と白という色やよく知られるロゴもある。しかしあえてそれらを使うことなく「ボトルの面影をさりげなく残す」ことで、歴史ある企業の存在を伝えるものとなった。

「既にブランドのアイコンとなっている要素をどう料理するかだけでなく、新たなアイデンティティーを積極的に掘り起こすこともデザイナーの仕事です。これが成功した場合、ブランドにとって大きな資産となります」。

一歩下がりつつもユーモアを忘れない

nendoは米菓（せんべい）の製品パッケージもデザインしている。２００９年、岩塚製菓の米菓パッケージのモデルチェンジを担当した。

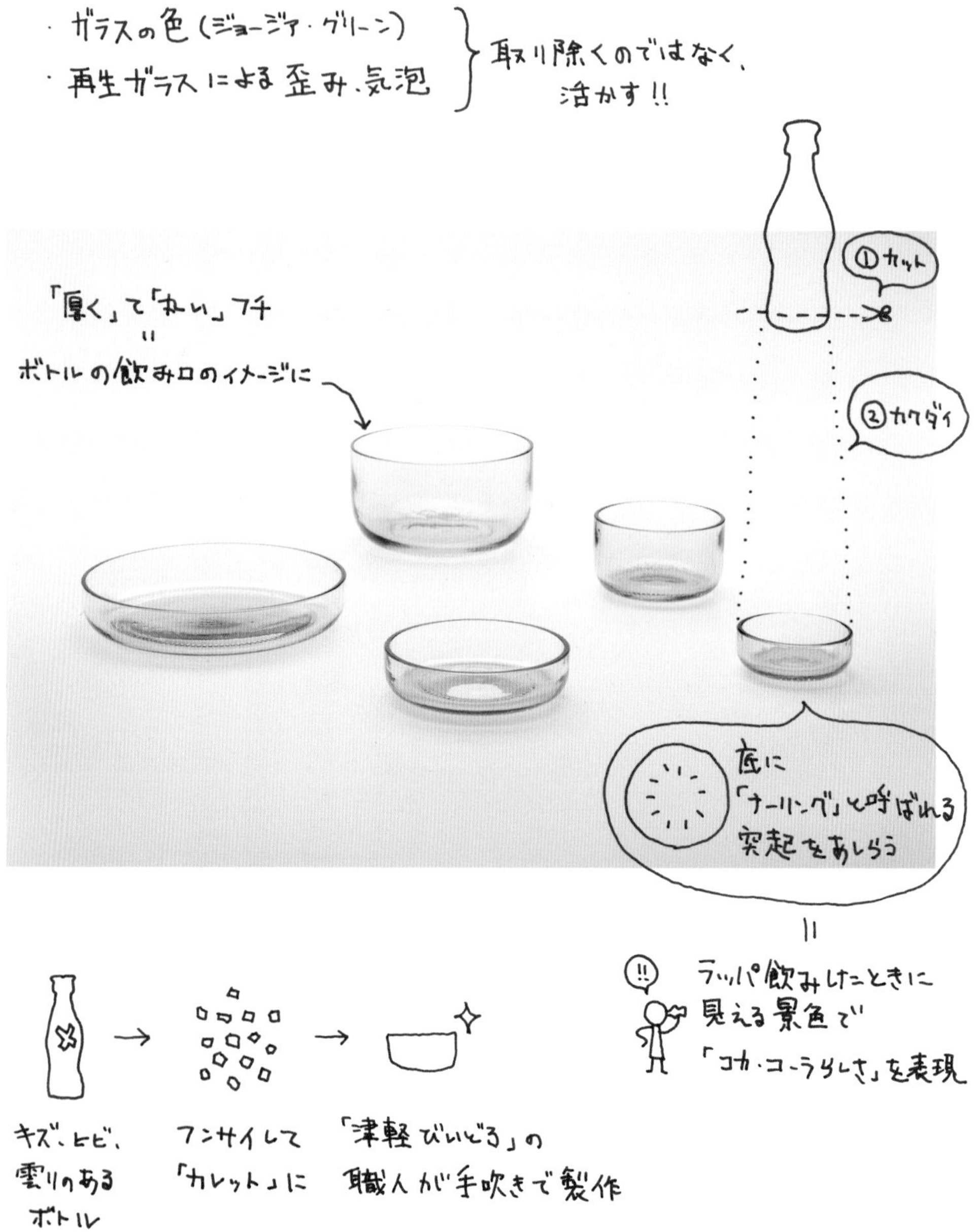
・ガラスの色（ジョージア・グリーン）
・再生ガラスによる歪み、気泡
取り除くのではなく、活かす!!
①カット
「厚く」て「丸い」フチ
＝
ボトルの飲み口のイメージに
②カクダイ
底に「ナーリング」と呼ばれる突起をあしらう
＝
!!
ラッパ飲みしたときに見える景色で「コカ・コーラらしさ」を表現
キズ、ヒビ、雲りのあるボトル
フンサイして「カレット」に
「津軽びいどろ」の職人が手吹きで製作

「Coca-Cora Bottleware」。識別性の強いロゴやマークを使うのではなく、誰もが経験したことのある「ボトルの記憶」を引用

一歩「下がる」

©Coca-Cola

企業との打ち合わせの席での佐藤の対応は興味深い。形式ばった長い挨拶はなく、プロジェクトにまつわる余談も一切ない。本題にすぐ入った後は、企業担当者の説明に熱心に耳を傾けながら現状を最大限に把握するべく神経を集中させる。また、打ち合わせ時、佐藤自身がノートにメモをとる姿を見たことがない。隣に座るマネジメント担当者やプロジェクト担当者が記録をとるということはあるのだが、ミーティングの最初から最後まで、佐藤は相手の話に集中して、何が大切か、何をしなくてはいけないのかを、瞬間瞬間に感じ取っているように見える。「ミーティングの間にすでにアイデアが浮かんでくる」と語ってくれたことがあるが、並外れた集中力があるからこそできることだろう。

「米菓は袋の中身が見えないと購入されないんです」。企業担当者の説明を耳にしながら佐藤が考えていたのは「パッケージ全面が透明でなくてもよいのでは？」という点だった。

「他社と同じ方法論を踏襲している限り、他社より売れる製品にはならないのではないかと直感しました。どのようにして次の一歩を踏み出すかです。このときは商品名そのものも気になっていました。『米かりん』という名前でしたが、まず『かりん』が何を指しているのかが分かりにくいのです。沖縄の黒糖を使用していることから黄色のパッケージになっているとのことですが、それが果物の『かりん』を想起させてしまっていることも問題だと思いました。『黒糖を使った米のかりんとう』であることが瞬時に伝わるよう、商品名を変える提案をしました。でも商品名全体を変えることはせず、名前が今より長くなることも避けたいと思いました。長い名前にしてしまうと、パッケージに記載される文字が小さくなってしまいます」。

解決策は既存の商品名に1文字を追加する方法だった。「米かりん」を「米かりんと」に。目からウロコが落ちるというのはまさにこのこと。目の前の問題に対してユーモアも忘れることなく、解決策を用意できるのが、nendoの力。彼ら自身は「持っていない」と強調する「nendoの切り札」がそこにあるのだと思う。

またこのプロジェクトでは、製品を紹介するコピー文と、「シズルカット」と呼ばれる説明写真を配置することも提案した。「サクッとした食感に特色があるので、そのことが店頭でも瞬時に伝わるよう、『サクッ』という言葉をパッケージに印刷しました。これがきっかけとなって同社のほかの製品にも今では、ふわっと、かりっと、など、食感を伝える擬態語が用いられるようになっています。透明ではないパッケージも増えました」。

このリニューアルで「米かりんと」は「米かりん」時代の15倍もの売り上げを記録している。

新たな要素の前に既存の要素をチューニングする

製品の特色を抽出しながら整えていくこうした作業について、佐藤は「チューニング」という言葉を用いる。スポーツ選手がフォームのチューニングを丹念に行うことで着実に成果を上げていったり、技師が機器類を調整することや調律師が楽器を調律するのと同様に、状況を見据え、整え、次に進む作業だ。

「しっかりとしたチューニングを行うことができれば、クライアントの状況を新たなステージ

変更前

色とネーミングが
果物の「かりん」を
イメージさせるので
変更

アピールポイントが
多すぎるのでトル

わかりにくい
&
マズそうなのでトル

小さく

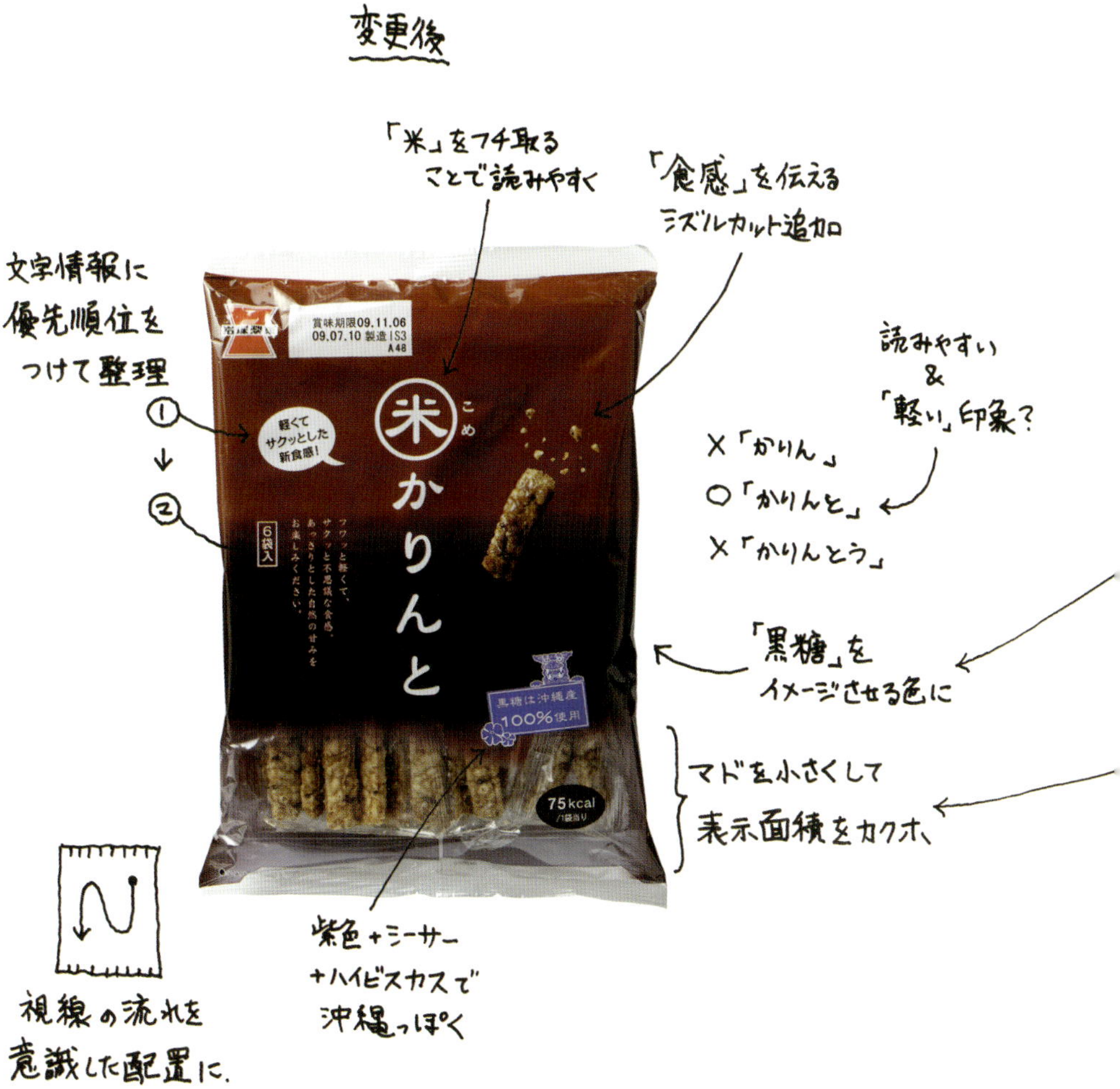
変更後
「米」をフチ取る
ことで読みやすく
「食感」を伝える
シズルカット追加
文字情報に
優先順位を
つけて整理
①
↓
②
読みやすい
&
「軽い」印象?
×「かりん」
○「かりんと」
×「かりんとう」
「黒糖」を
イメージさせる色に
マドを小さくして
表示面積をカクホ
紫色+シーサー
+ハイビスカスで
沖縄っぽく
視線の流れを
意識した配置に。
賞味期限09.11.06
09.07.10 製造 IS3
A48
米
こめ
かりんと
軽くて
サクッとした
新食感!
6袋入
フワッと軽くて、
サクッと不思議な食感。
あっさりとした自然の甘みを
お楽しみください。
黒糖は沖縄産
100%使用
75kcal
/1袋当り

岩塚製菓「米かりんと」

に持ち上げることができると思います。自分たちにこのような隠れた魅力があったのか、とクライアントに気付いてもらえることがうれしい。またこうしたチューニングは、ブランドイメージがすでに確立されている企業において、特に功を奏することになると思います。

強いアイデンティティーを持っていることを自覚しているがゆえに、新たな特徴を探すことを怠っていたり、小さな特徴を見落としていることがあるからです」。

デザインにおけるチューニングとは、「一歩下がって」自分自身のブランド価値を見つめる作業であると思う、と佐藤はいう。

「つまり、『一歩下がる』ことには2つの意味があります。1つは『一歩下がった』表現によってもたらされる訴求力の高さで、もう1つは『一歩下がった』視点で物事を見直すことの重要性です」。

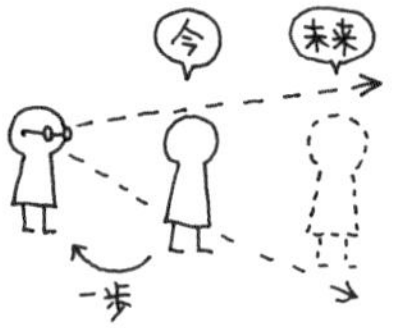

「違和感」を生む

海外企業とのプロジェクトが多く、1年に8～10回は欧米を中心とする各国各地のクライアントとのミーティングを順番に行うワールドツアーに出ている佐藤オオキ。これ以外にも細かな海外出張を年間に何回もこなしている。日常から離れた場で見聞きしたことやそこで発見したこと、驚いたことなどがアイデアの素となっているのではないかと思われがちだが、実はそれとは対照的な発想の仕方をしている。

佐藤は海外に滞在した際もホテルや食事をする場所、打ち合わせの場所など、必要最小限の移動が常だと言う。多忙ということもあるのだろうが、日本でも日常の活動範囲は大方決まっており、そのなかで感じ、考え続けていることが、佐藤にとっての大切なデザインプロセスとなっているのだ。

「とにかくデザイン以外のことは何もしません。アイデアを出すために何か特別なことをするということもありません。そう意識して、常に脳を空っぽにしています。そうやって、日々のル

オークションハウスであるPhillips de Puryのためにデザインされた「thin black lines」。黒い直線だけで椅子の面を構成し、立体化することで、二次元的な三次元という違和感を引き出した

写真：林 雅之

Moleskineのノートを使った展覧会のための作品「notescape」。ノートに風景を持ち込んで、心地良い違和感を表現

写真：林 雅之

ーティンワークのなかで気付くことを大切にしています」。

nendoは常に多数のプロジェクトを並行して進めている。だが、アイデアを探し出す、絞り出す、といった手法とは無縁の日々を送っている。

「日常のなかでひっかかってくるもの、違和感を感じるもの……全身が『フィルター』のイメージです。日常生活のなかで空気や水のように身体を通り抜けていく要素がある一方で、フィルターにひっかかってくるわずかな差異のようなものがあります」。

「ひっかかったものが小さければ小さいほど良く、『すごい』ものである必要はありません。微細なものたちを丁寧に集めることで形作られるもの、これが自分にとってのデザインです。またひっかかった要素を集めることで、このフィルターは定期的に『掃除』されます。そうすることでまた、フィルターにひっかかりやすくなるのです」。

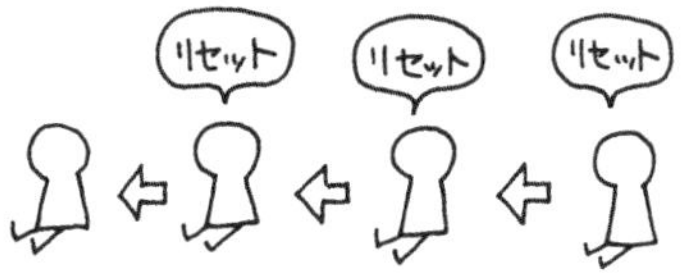

こうして感じとっている「違和感」そのものが、実はnendoの活動の大切な軸となっている。「形や色といった目に見えるものではなく、その背後にある小さな物語を伝えていくことができないだろうかといつも考えています。nendoが考えるデザインとは、日常のなかの小さな気付きであり、小さな違和感のようなものをできるだけ崩すことなく掬（すく）い上げていき、人と共有すること。日常生活のなかに小さな非日常がちりばめられている状況が本当の意味での豊かさだと思うのです」。

すなわち「違和感」はnendoのデザイン手法の中枢ともなる思考で、nendoを理解するうえで、最も大切なキーワードとなるものだと言えるだろう。本書で挙げたほかの9つのキーワードも、それぞれに違和感を作る機能を含んでいるとも理解できる。

ところで、佐藤が言う「毎日のルーティンワークのなかで感じる違和感」とは、単一では何とも感じない要素が、連続することで知覚しやすくなることでもある。「毎日同じ店のソバを食べていると、自然と打ち手の違いが分かるようになる」と佐藤。

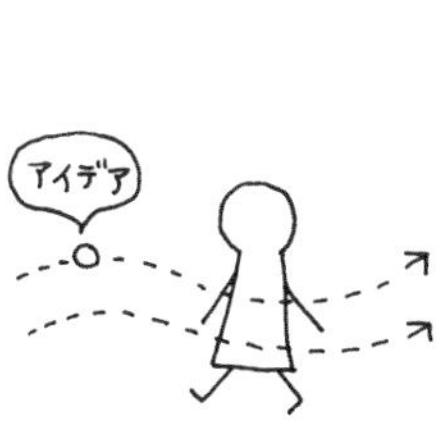

「がんばればがんばるほどアイデアは逃げていってしまうものです。目的意識を持つ、つまりアンテナをはってしまうと、自分自身の周囲にバリアを作ることになってしまい、周りを見えにくくしてしまいます。

探し物を頑張って探しても見付からないのと一緒で、あえて焦点を絞らないようにしているんです。全体や周囲にあるぼやっとしたものをぼんやりと目にすることで、より広い世界が見えてきます。周囲の状況を認識しながら次の瞬間を推測するスポーツ選手の周辺視と似ています」。

野球、サッカー、バスケット、バレーボールといったボールゲームでは、視力とは異なる「スポーツビジョン」が特に力を発揮する。外界からの情報を瞬時に、また正確にキャッチする必要が出てくるからだ。動くものをはっきり見る動態視力、一瞬で多くの情報をとらえる瞬間視に並んで挙げられるのが、周辺視。周辺視とは焦点を1点に絞ることなく、広い範囲を同時に見てと

100個限定生産が特徴のブランド「1% products」の展示会場構成。床に光と影を描くことで、展示物がまるで光っているかのような違和感を生み出した。I.D. Annual Design Review優秀賞とJCDデザイン賞銀賞を受賞

写真：阿野 太一

る眼の力を言う。

「野球選手は周辺視を磨くことで投手のボールの軌道を予測していると言います。周辺視の場合、中心視よりも得られる情報が多く、反応速度も速いのです。デザインに求められるのは、この周辺視ではないかと思います。元サッカー選手の中田英寿さんが話してくれたことがあるのですが、周辺視を鍛えることで、選手の背後に隠れている選手の動きや、自分の後方にいる選手がどちらに走っているのかも感じ取れるようになったそうです。そういう見方でものを見ると、物事の裏側まで見えてくるように感じることがあります。1点に集中すると周辺を無視してしまう状態になってしまいますが、周辺にあるものにこそ、実は魅力的なアイデアが潜んでいることが少なくありません」。

佐藤が述べることは、デザインにかかわる人々が心がけようとしていることとは大きく異なる。むしろ、逆ではないだろうか。

1　退屈なルーティンワークを楽しむ。
2　がんばってアイデアを探さない／アンテナをはらない。
3　物事に焦点を絞らない。

「このようなスタンスでいると、『違い』がひっかかってきやすくなりますが、こうした違和感にも規則性やルールがあるのかもしれません。本来はAのはずなのになぜかBのように感じてしまった、といったことです。そこでデザインをするときには、なぜかBのように感じてしまうのはなんなのか？と考えていくようにします。このことは『Bをデザインする』作業とは違います。実在するものではなく、意識のなかの現実。これは、アイデアの可能性を広げてくれる手助けとなります」。

鏡に映り込んだような錯覚を利用した花瓶「vase-vase」。「あるのにない」違和感を利用したデザイン

写真：林 雅之

+dから発売した「talking」。しょうゆ差し、塩・こしょう入れ。それぞれ「ゆ」「し」「こ」を発声する口の形。テーブルウエアがしゃべる違和感

写真：林 雅之

視点の高さについても佐藤は触れる。大きなスケール、高い視点から俯瞰するように進めていく「トップダウン式」とそれとは対照的な「ボトムアップ式」の2つを例に挙げ、その後者をnendoは重視していると言う。「視点はできるだけ低く」が彼らのこだわりだ。

「建築家がよく行うトップダウン式は、まず都市や地域について考え、建物、インテリア、プロダクトと絞り込んでいく方法です。私たちは逆で、身近なところから始めて、たとえば小さなコップを考える。そしてそれに合うテーブル、部屋、家、周辺、都市…という具合に広がりを伴ったモノ作りに魅力を感じます。そうやって現在の姿となっている街に秋葉原があります。小さな店それぞれの個性やこの街に集まる人たちのキャラクターによって街全体の性格が出来ているわけです。『神様』のような視点ではなく、普通の視点より5センチ下げるだけでも、フィルターにひっかかるものは山のようにあるように思います。

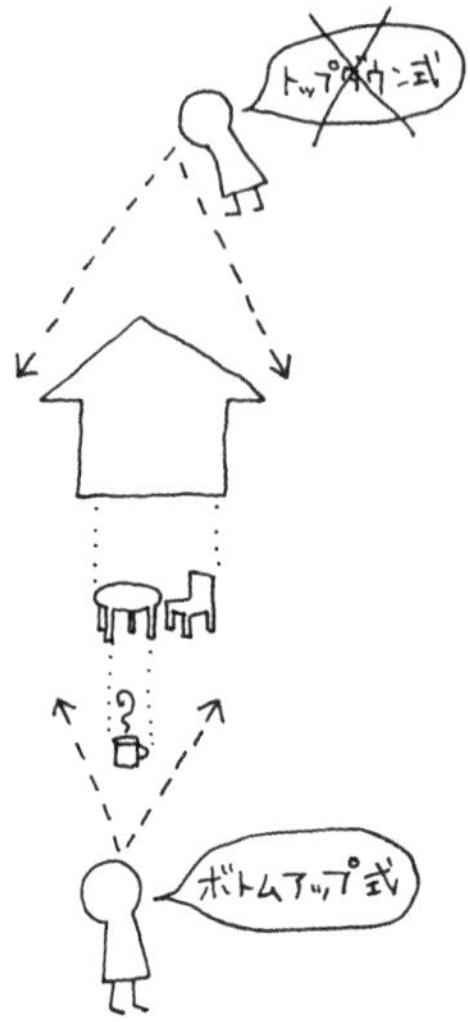

それにこうして身近から発想する手法、小さな違和感は、人々の口コミともつながって、あっという間に伝染する性質を持っています。ちょっとしたことでも、おもしろい！と感じたことが

SNSで瞬く間に世界に広がっていく時代。このおもしろさは都市計画のようにトップダウン的な発想ではうまく作れません」。

「人が感じる何かは日常にこそある」という彼らの持論を踏まえたプロジェクトとして、佐藤が空間プロデューサーとしてかかわった「スターバックス エスプレッソ ジャーニー」(2009年)がある。スターバックスの通常の店舗とも違う、日々の生活のなかに「小さなひっかかり」を生み出す試みだった。

本を選ぶようにコーヒーを選ぶ体験

このプロジェクトはスターバックスのエスプレッソを用いたドリンク類をプロモーションするために企画された。表参道のギャラリースペースを会場としてインテリアも徹底的に作り込み、スターバックスとしては初となる期間限定店舗でもあった。

ここで佐藤が考えたのは、「1冊の本を選ぶ感覚と、1杯のコーヒーを飲んでくつろぐ感覚は似ているのではないか」ということ。nendoは遠いと思われていた何かを結び付けることにおいても類いまれな才能を発揮している。このとき佐藤が提案したのは「書店」だった。販売されるのはカフェラテやカプチーノをはじめとする9種の定番エスプレッソドリンクのみ、サイズは1種類だけ。数軒隣にスターバックスの通常店舗があったにもかかわらず、来場者の多い日には3時間待ちとなり、3週間の開催で約2万人もの来店客数を記録することとなった。

スターバックス エスプレッソ ジャーニー。1冊の本を選ぶように、コーヒーを選ぶ心地良い違和感

写真：阿野 太一

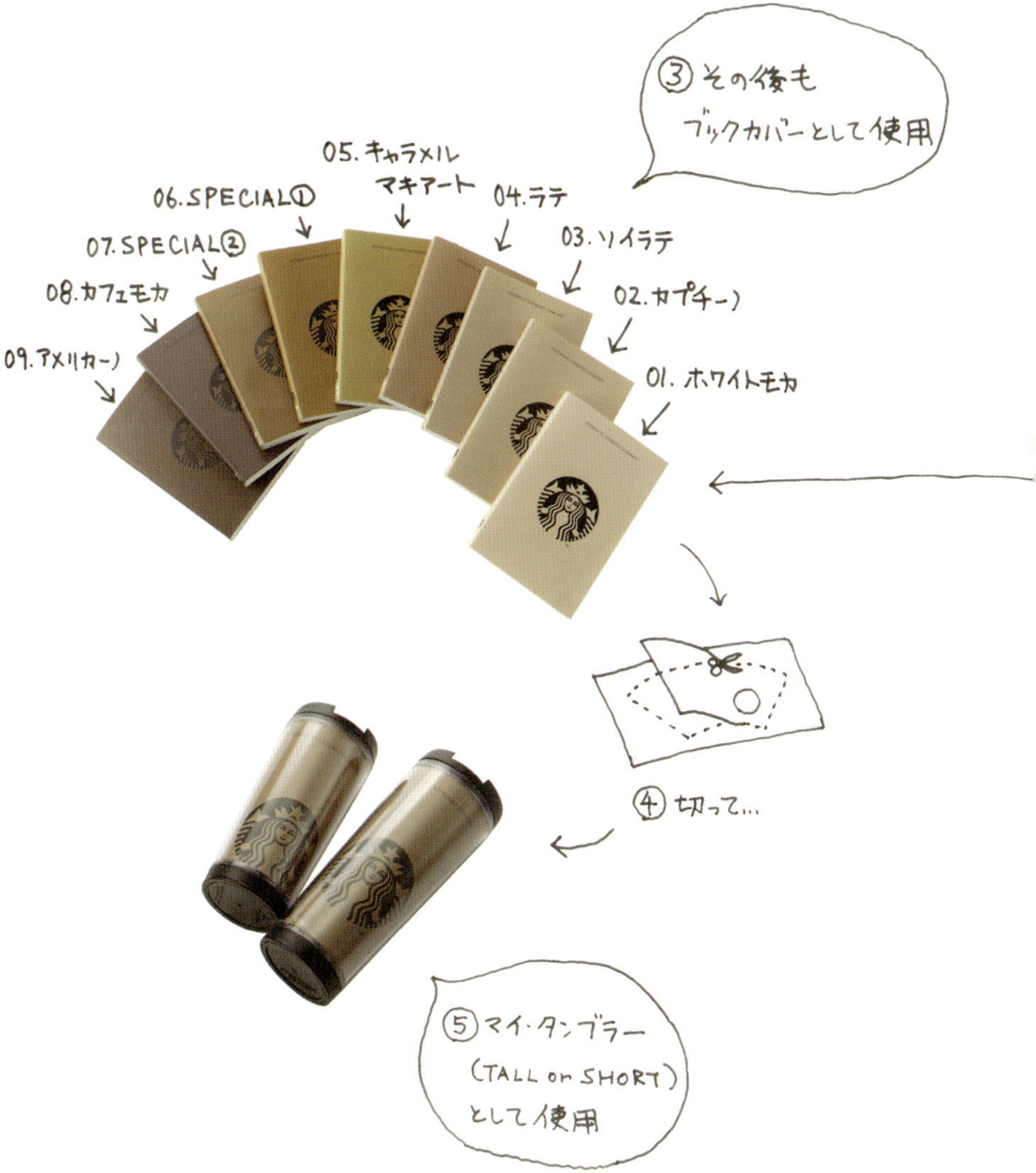
③その後も
ブックカバーとして使用
05.キャラメル
マキアート
06.SPECIAL①
04.ラテ
07.SPECIAL②
03.ソイラテ
08.カフェモカ
02.カプチーノ
09.アメリカーノ
01.ホワイトモカ
④切って…
⑤マイ・タンブラー
(TALL or SHORT)
として使用

写真：岩崎 寛

これほどまでに話題となったのはどうしてだろう。いつもの店とは違う店舗空間はもちろん、体験できるオーダーの仕方そのものが口コミで広がり大きな反響を呼んだ。

「書棚から1冊の本を選んでカウンターに持って行くと、それがドリンクのオーダーになります。本を1冊手に取ることがコーヒーにつながるという、日常生活にはない体験です。そのことを味わうために、多くの人がわざわざ足を運んでくれました」。

棚の中には9色に塗り分けられた本が並べられており、それぞれの本の色が9種類のエスプレッソドリンクに対応している。来場者は本棚から本を自由に手に取り、なかに書かれた情報を見比べながら自分に合うドリンクを選ぶ。選んだ本をカウンターに持っていくことで、実際のドリンクと交換してもらう。情報が印刷されたブックカバーは持ち帰ることができ、点線を切り開いてタンブラーに入れて使うこともできる。

1冊の本を時間をかけて選ぶように1杯のエスプレッソドリンクを選ぶ。スターバックスの通常の店舗とは異なる空間は、全体が静かな違和感をともなっていた。その違和感を体験したいと思う人々の間で評判となり、全国の既存店舗のエスプレッソドリンクの売り上げも1割ほど伸ばすという注目すべき実績を上げたのだ。

予想していなかったさらなる効果ももたらしている。

「混雑時の店舗で提供できるのはエスプレッソマシン1台につき1時間当たり何杯という、それまでのスターバックスの常識を超えて、このイベントではその1・3倍を提供できました。多くの来場者に対応しようと社員が工夫を凝らした結果、常識を覆すオペレーションが現場で生まれたのです。

このように、イベントとしての成功だけではなく、今後の店舗運営に生かしていける点が多数生まれました。会議室の議論ではとても出てこない進化です。枠組みから少しだけ外れたところに可能性があること、違和感が可能性に変わるということを示しています」。

新たな試みから、企業の次の事業戦略につながる結果が導き出されたのだ。

佐藤は、「思わず手に取りたくなった。くすっと笑える。そんな小さなことでいいんです」と言う。

「コップのデザインというときに、コップの色や形だけでなく、それが置かれる状況を意識するようにしています。水がどの程度入っているのか、テーブルの中央にあるのか、端に置かれているのかでも人への作用が異なります。そういった微細な心の揺らぎを意識することがデザインの本質だと思うのです」。

店舗デザインで「違和感」を生かした事例がまだある。

その1つが「Camper（カンペール）パリ店」（2012年）。スペインの靴のブランド「カンペール」の店舗で、続く大阪店（2012年）、サンフランシスコ店（2013年）でも同じコンセプトが踏襲されている。

これらの店を初めて訪れた人は決まって笑顔を見せる。というのは、透明人間が何人もいるかのように、店のなかを靴が歩き回っているからだ。佐藤が行おうとしたのは、同社製品が「歩く楽しみ」を与えてくれる靴であることを伝えることだった。

スペインのスニーカーブランドCamperの大阪店。スニーカーが空間を歩き回ることで、ブランドの特徴を表現

写真：吉村 昌也

Tod'sのためのウインドーディスプレイ「cabinet in the window」。矛盾した開き方をする家具を使って商品を展示

写真：Joakim Blockstrom

「カンペールの靴はアスリートのためのものでもなく、ステータスとしての靴でもありません。多くの人々が楽しめる靴として作られた、歩くための靴です。床から空中まで靴が浮遊しながら自由に歩き回っているような店舗のデザインを通して、その大切なメッセージを伝えたいと思いました」。

イタリアの高級靴およびバッグブランド、Tod's（トッズ）のショーウインドーを用いたプロジェクトもある。２０１２年のミラノサローネ会期中、市内2店舗（ガレリア店、スピガ通り店）におけるウインドーディスプレイを佐藤が任されたときのことだ。家具が1つだけ、商品ステージとなって置かれているのだが、いつもとは違う位置に扉が設けられ、しかもその扉が内側に開かれるなど、通常ではありえない状態にされている。「魔法の扉から商品が取り出されるような非日常性をウインドー内に発生させたいと考えた」と言う。商品や場所、人のかかわり方を考えるさまざまなヒントを含み、ユーモアも含んだ提案だ。

小さな違和感は人々の心に届き、喜びや楽しさをもたらしてくれる。頭であれこれと考えなくてはならない理屈ではなく、一瞬にして感じたことは、人々がそのブランドについて知るきっかけとなるはずだ。また、思いもかけずに喜びを感じた出来事は、その後も人々の心に長く残っていくだろう。「なにか違う」、「なんか、いいよね」と。

そして佐藤は、自ら感じ取った違和感を大切に、人々が違和感を抱くデザインを提案し続けていくことだろう。なかには、小さなボタンをかけ違えたかのような微細な違和感もあるかもしれない。そうしたささやかな非日常性から喚起される力を佐藤は信じているのだ。

均衡を「崩す」

「デザインとは問題を解決する手段。その方法論にデザイナーの個性が表れるわけですが、どのような手法であっても解決できなければ失格です。ただ、問題そのものが明らかになっていない場合も多く、その際には一緒に問題点を確認する作業から始めないといけません」。

潜在的な問題を顕在化させるために佐藤オオキは「均衡を『崩す』」ことがあると言う。

ある企業における「崩すべき均衡」は、「凝り固まってしまっている既成概念」かもしれない。5年前、10年前には機能していたが、時代の変化とともに歪みを抱えたままに、変化の糸口を見失ってしまっているといった状態もありそうだ。

「昔からこういうものなので、とか、自分がこの業務を前任者から引き継いだときの状況がこうだったからそのままにしています、といった説明を担当者から聞くことがあります。しかし、昔ながらの状況に拘束されていては企業として発展していくことは難しいのです。まずは固定化している均衡をあえて崩して、課題を見付けていきます」。

1% productsから、「twin cup」。ドリッパーとカップが同じ形状。モノの主従関係を崩すことで楽しさが生まれた

写真：岩崎 寛

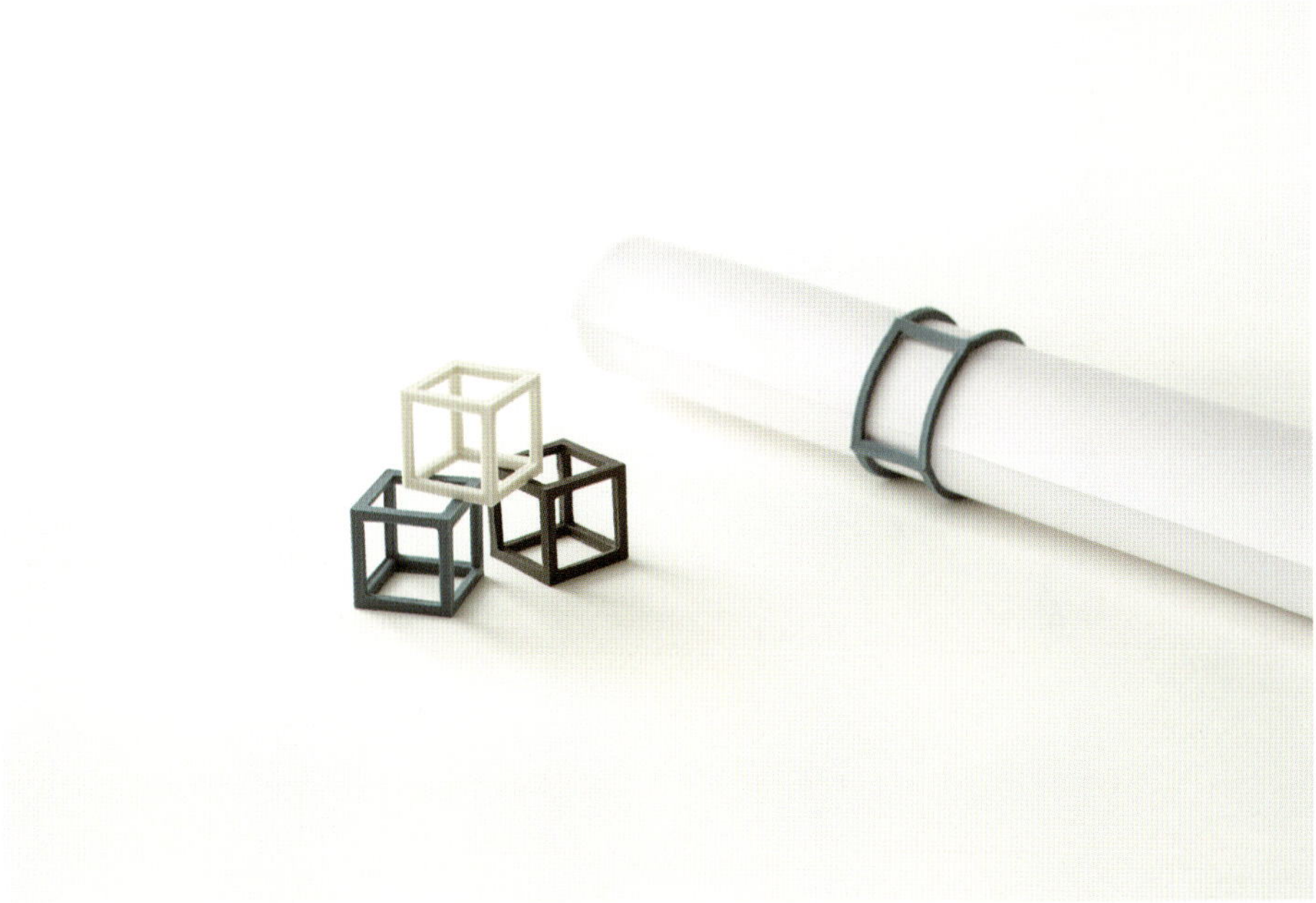

by | n「cubic rubber-band」。キューブ状の立体で、紙を筒状にまとめる不思議な感覚。輪ゴムが平らでなくてはいけないという既成概念を崩した

写真：吉田 明広

「崩す」と聞くと挑発的に感じるかもしれないが、企業が抜本的な変化をなし遂げるために加わったデザイナーの動きを契機として、自ら変わろうとする空気を企業自体にもたらす最初の一歩でもある。

健全な均衡とは、必要に応じて変化しうる有機的な環境のことではないだろうか。nendoのデザイン手法は、企業の自発的な発展に向けた可能性をさまざまに含んでおり、企業自ら、そのつど最適なバランスを探っていける体質となっていくことを佐藤は考えている。そのためには現状を一度流動化させることで、長らく潜在化していた問題をあぶり出す必要がある。

「解決策を実行する際には、構成要素に大胆な優先順位を付けてみたりもします。予算配分の均衡を大きく崩したり、『脇役』的な存在をいきなり『主役』に起用してみたりします。画一的になっていたり、固定化してしまっていたりする現状から脱却するための荒療治の1つです。我々のような社外のデザインオフィスがこうした作業にかかわることによって、取り組みやすくなることもあると思います」。

紳士服量販店での革新的な提案

nendoがかかわったプロジェクトで均衡を崩す試みを行った事例に、はるやま商事の「HAL-SUIT」（ハルスーツ）がある。

スーツ需要の縮小といった社会状況を背景として、青山商事、AOKI、コナカ、はるやま商事に代表される紳士服量販店の競争は一層激しくなっている。郊外型店舗や都市型店舗といった店舗のフォーマットをはじめ、幟（のぼり）や広告のあり方など、既存のルールが多数あるのもこの業界の特色だ。

現状を根本的に変えようと考えていたはるやま商事の治山正史・社長がnendoと初めて会ったのは2011年の春。「紳士服はるやま」などを運営する同社の新業態ハルスーツの開発プロジェクトだった。

「店舗デザインを始めるにあたり、まずは現状に目を向けました」と佐藤は切り出す。

「来店者の滞在時間が長いほど、商品の購入に結び付いています。関係者もすでに把握していたのですが、家族と来店した客が服を見ている間に妻や子供たちが飽きてしまうという現状が問題となっていました。商品を決定する際に妻の意見が決め手となっていることも知りました。落ち着いて試着ができると同時に、家族とのコミュニケーションを図ることのできる環境が必要でした。nendoから提案したのは、フィッティングルームを従来とは全く異なる場所に設け、空間構成要素の均衡を崩す方法です」。

通常は店舗の隅に設けられるフィッティングルームをゆったりした広さにして、店の中央に配し、それらを軸として店内動線を徹底して練り直した。フィッティングルームはシリンダー形状をしており、素材はガラス。ディスプレイ機能を備えているので、路上のショーウインドーがそのまま屋内に収められた形だ。店内ではあるものの、街を歩く気分で家族とウインドーショッピングを楽しめるような空間になっている。

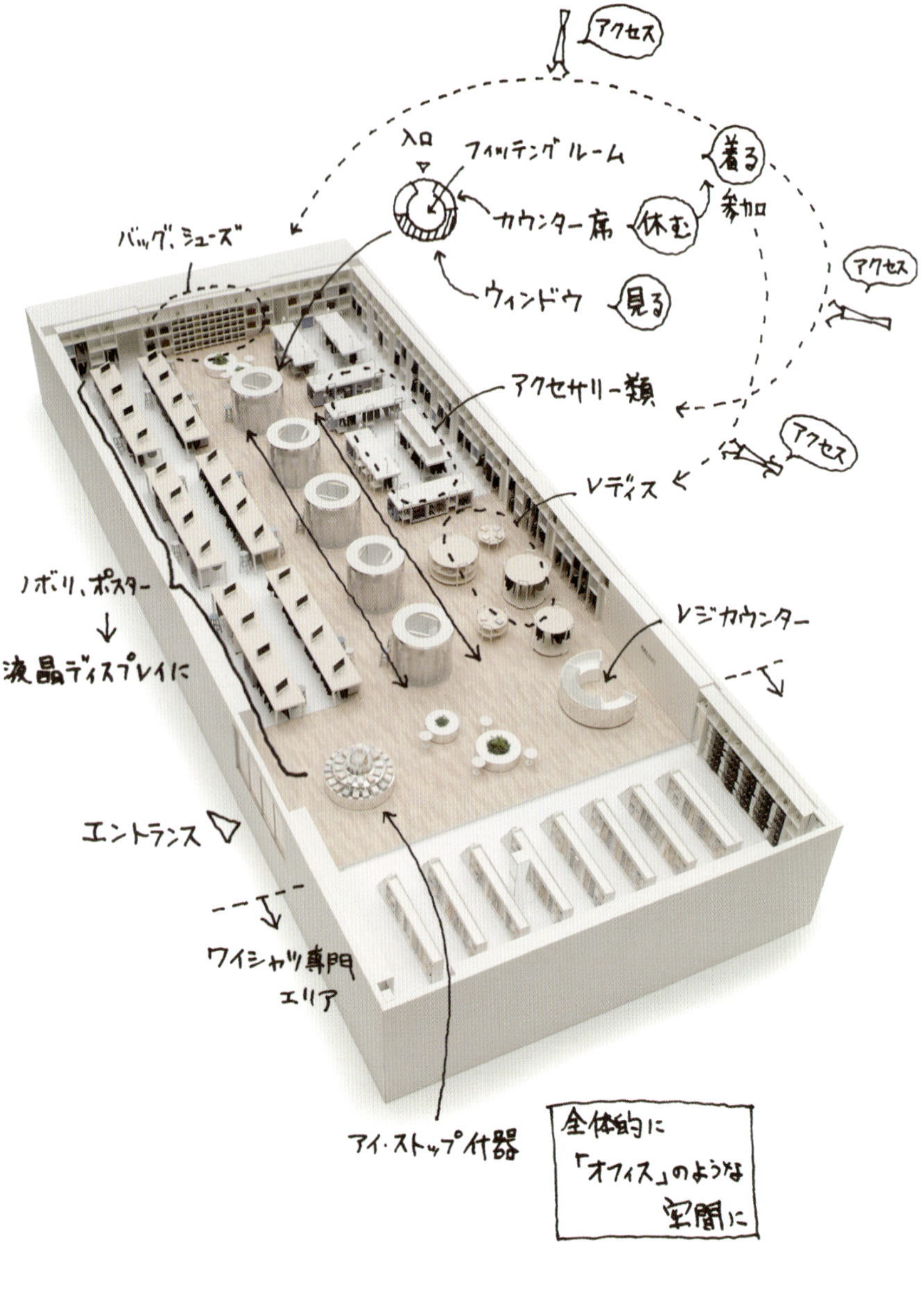

アクセス
入口
フィッテング ルーム
着る
参加
カウンター席
休む
ウィンドウ
見る
アクセス
バッグ、シューズ
アクセサリー類
アクセス
レディス
ノボリ、ポスター
↓
液晶ディスプレイに
レジカウンター
エントランス
ワイシャツ専門
エリア
アイ・ストップ什器
全体的に
「オフィス」のような
空間に

写真：岩崎 寛

はるやま商事のHALSUIT東岡山店

写真：吉村 昌也

またフィッティングルームで試着する家族や友人を待つ人々が気持ち良く過ごせるよう、DVDプレーヤーや雑誌コーナー、レディース向けの商品コーナーも設けられている。

「ちらし、POP、幟のすべてがありません。これまでの常識が常識でなくなり、従来の勝ちパターンのすべてを使わない。将棋を例に挙げれば、自分の得意とする戦法が禁じ手となったなかで勝負をし、勝ちにいくといった挑戦でした」。治山社長は当時を振り返る。

「日本の企業が得意とすることは、1つひとつ積み上げながら改善するようにして階段を上っていく手法です。一方、スティーブ・ジョブズ氏が率いたアップルなどは、1段ずつ階段を上るのではなく、次のステージに進むジャンプ力を生かす手法です。nendoの提案はそうした飛躍にも似たものでした。従来の常識との闘いであり、常識を崩していく細かなプロセスの連続を経験することになりました」(治山社長)。

店舗全体のコンセプトを「オフィス」として、店舗そのものがすでに「スーツを着用する環境」となっているのもnendoらしい発想だ。オフィスの受付のようなエントランスがあり、キャビネットコーナーにはシャツが並ぶ。オフィスのミーティングスペースさながらに椅子を置いた一画もある。「視覚的にも楽しめるアイデアとそれを論理的に支える解決策の双方を実現しているのはさすがだと思った」とは治山社長の言葉だ。

新業態の実験店舗と位置付け、短期的な増収増益よりも長期的な視点で顧客を開拓することが目的とされていた東岡山店であったが、2011年秋の開店以来、前年比で売上高は10%増、客単価は40%増以上となった。来店者の店内滞在時間は平均約35分、以前に比べて15分ほど延びて

40％以上の改善となった。同店での試みはハルスーツの都市型店舗や上海を含む海外2店舗でもすでに応用されている。関係者が慣れてしまった環境を変え、「均衡を崩す」ことが功を奏した例だ。

均衡を崩す実験精神

プロダクトデザインの均衡を崩した例に、エレコムのデジタル周辺機器がある（2011年）。家電量販店で販売されるこれらの商品は、厳しい競争下に置かれている。エレコムの葉田順治・社長が考えていたのは、「家電量販店ではなく、海外のミュージアムショップやデザインショップ、アップルストアなど、人気のリテールショップで販売される商品を開発し、販路拡大を実現する」ことだった。

nendoがこれまでに商品化したのは11アイテム。ひとひねりを加えたUSBメモリや、色とりどりのケーブルが机の上で輪郭を描くように考えられたマウスもある。ワイヤレス光学式マウスでは、USB型レシーバーを動物の尾のような形に変えた。コンピューター本体に装着して使用すると尾の部分だけが見え、コンピューター内に小動物が隠れているかのようだ。

「通常は隠そうとする要素を、特徴的に見せるようにしてみました。既存製品とは異なるために開発にはそれぞれ手間がかかりますが、ステレオタイプな製品からの脱却を目指したいときには有効な解決方法となるのではないかと考えました」。

キツネ
イルカ
ウサギ
リス
イヌ
ブタ
ネコ
使う時は
シンプルな形に
本体は色も形も共通
=
コストをかけずに
豊富なカラーバリエーション展開
が可能に
USB型
レシーバー
PCに挿すと…
カメレオン
本来は隠す要素を
「見せる」
→商品に特徴が生まれる
PCにシッポが
生えたように見える？

写真：岩崎 寛

エレコムの無線式マウス「oppopet」。本来なら隠したい受信部を動物の尻尾のようにデザインし、あえて見せることで楽しく均衡を崩した例

写真：岩崎 寛

均衡を崩すことによる解決策について、佐藤はほかにも例を複数挙げている。

1 要素を削ることで一度均衡を崩し、そのうえで補完していく。

2 ものごとの境界線を曖昧にすることで均衡を崩し、かつてなかった発想を喚起する。

3 構成要素のバランスを特定部分に特化させて崩し、そのことで個性をもたらす。

4 全体におけるバランスの強弱を変えることで、新たな機能を発見する。

均衡を崩す手法はプロジェクトの予算配分にも応用することができる。

それまでインテリアデザインに費やしていた予算をグラフィックデザインに振り分けるなど、目的に応じた予算配分を再考することで、デザインの幅を拡大していくという思考だ。なにをすべきかが明快であるほど、「均衡を崩す」手法を積極的に生かすことができる。

前述したハルスーツ東岡山店では、社員がこれまで以上に責任感を持つなど、現場の意識変革にもつながったと言う。

「均衡を崩す思考法を意識することで、企業もまた、厳しい条件下における解決の糸口を自ら発見できる体質に変わっていくのではないかと考えます」。

エレコムのUSBメモリ「DATA clip」。紙を留めるクリップの形を情報機器に採用し、デジタルとアナログのバランスを崩した

写真：岩崎 寛

カップヌードル・ミュージアムのためのグッズ「cupnoodle forms」。形状にわずかな変化を加えることで、「あたりまえ」を崩す

写真：岩崎 寛

治山正史氏（はるやま商事 代表取締役社長執行役員）

郊外型の紳士服店を始めて40年になります。ビジネスイノベーションとしての新たなビジネスモデルをデザイナーの方と実現したいと考えていたところ、nendoを知りました。

佐藤オオキさんにお会いすると、「お客様が買ってくれることを実現するのがデザイナーの仕事。そのことが成功しないと意味がありません。アーティストとは違います」と。自分のやりたいことだけを提案するデザイナーとは全く異なる思想を持っていると思いました。

我々が大切にしているテーマは「モノからコト」です。ハルスーツを始めたきっかけも弊社でイノベーションを実現し、会社を大きく変えたいという意思からでした。郊外型紳士服店というのは、スーツをユニフォームとして買う方々のためにすでに最適のビジネスモデルとなっています。サイズ別に展示されており、価格も分かりやすく、お客様も目的に合ったものを購入することができますが、私たちはそれだけでなく、個人の表現であり楽しさでもあるファッションとしての側面を大切にしたいと考えています。就職活動で内定を得るためのスーツであったり、仕事を成功させたり、部下に信頼してもらうためのスーツであるなど、さまざまなニーズがありますが、何かを実現したいという気持ち、すなわち「コト」を楽しみながらどう手に入れられるのか。そのことを実現するための新しいコンセプトの店舗がハルスーツなのです。

ハルスーツ的なものとは、お客様が「なりたいあなたになれる」こと。要望に合わせたコーディネートで喜んでいただき、目的に沿ったものをご提案する。モノだけでもソフトだけでも、知識だけでもだめで、すべてを踏まえた什器、空間が必要で、そこに接客や販売のすべてがあって初めて1つの完成形となりうるのです。私の好きなオペラを例に挙げると、ストーリー、音楽、美術の融合によって究極とも言える芸術となるわけですが、我々の店も同様で、さまざまな要素の調和によって初めて完成形となることができます。

nendoのデザインは実用性に加えて驚きや遊びがあります。提案されたデザインは従来の店舗とは全く異なるものでしたが、我々の考えをしっかりと反映してくれており、すべてが理にかなっていました。お会いして間もない頃、佐藤さんと話をしていたときに「右脳系ですね」と伝えたことがあるのですが、佐藤さんは「実は左脳系なんです」と。感性だけでなく理論に基づいており、双方が成立していることが分かります。

また、我々の言葉を因数分解するかのようにロジカルに組み立ててくれました。佐藤さんが以前に「非常に地味な積み上げ作業であり、組み立て作業です」と言っていました。我々の経営も同様です。さらにnendoらしいのは、制限やルールのあるなかで新しい発想を試みようとする点でしょう。かつて開かなかった扉も、彼らの発想が加わったことによって、どんどん開きつつあります。

「モノからコト」は個人で達成できるものではなく、家族や周囲の人々を巻き込んで達成できるものです。我々のお客様はご夫婦でいらっしゃることが多く、奥様の意見を聞いたり、選んでもらうことが多い。そのことをnendoは理解してくれて、一緒に来た家族が時間を忘れるほどに楽しく、気持ちの良い空間を作ってくれました。我々にとっても百聞は一見にしかず、一見は一

tokyo baby cafe。子供の身体とソファのサイズのバランスを崩し、かえって居心地の良い空間に。予算配分もソファに偏らさせた

写真：Jimmy Cohrssen

「Camper Shoes a tribute by nendo」。靴とひものバランスを崩し、履き心地を良くした

写真：吉田 明広

行動にしかず。考え抜かれたデザインを体感することで社員の考え方まで変わるのだということをまさに体験できたプロジェクトとなりました。東岡山店で得たことは今後、レディースの店舗やほかの店舗にも生かしていきたいと思っています。

私が長く考えていることがあります。未来への贈り物となるものを作り、社会に不可欠なインフラ企業となることです。まずはその手前の活動として、インフラ商品となるものを作りたい。およそ100年前に作られたジーンズもボタンダウンも、今ではファッションの定番となっています。100年後に定番になっている商品を1つでも2つでも世に送り出せればと思っており、そうした活動もnendoとできたらすばらしいのではないかとも考え始めているところです。(談)

見せたいものは「隠す」

見せたいもの、伝えたいものをあえて隠す。そうすることで伝わりやすいストーリーを作る。
佐藤オオキが空間デザインとプロダクトデザインの双方で用いる手法に、「隠す」手法がある。

膨大な量の情報に包まれている現代、メッセージをうまく伝えることは最大の課題だが、佐藤の考えはこうだ。「一部の情報を隠すことで興味を喚起させ、人々が対象に積極的にかかわり、喜びとともに空間や製品を体験してもらえるキッカケを作ることができる」。

大学と大学院で建築を学んだ佐藤は、空間デザインでまず、「一部を隠す」デザインを試みていた。「特徴を表現するために空間を遮蔽しながらも、対角線を生かすことで広く感じさせ、抜け感を作る」という考え方だ。

「壁などを使い、一部の要素を視覚的に隠すことで興味をわかせ、人を『歩かせる』という考え方です。このときに空間の対角線、つまりもっとも長い視線距離を隠さないようにすることで、空間に不要な閉鎖感や圧迫感が生まれることを防ぎます。この場合、どの要素を遮蔽するかと、

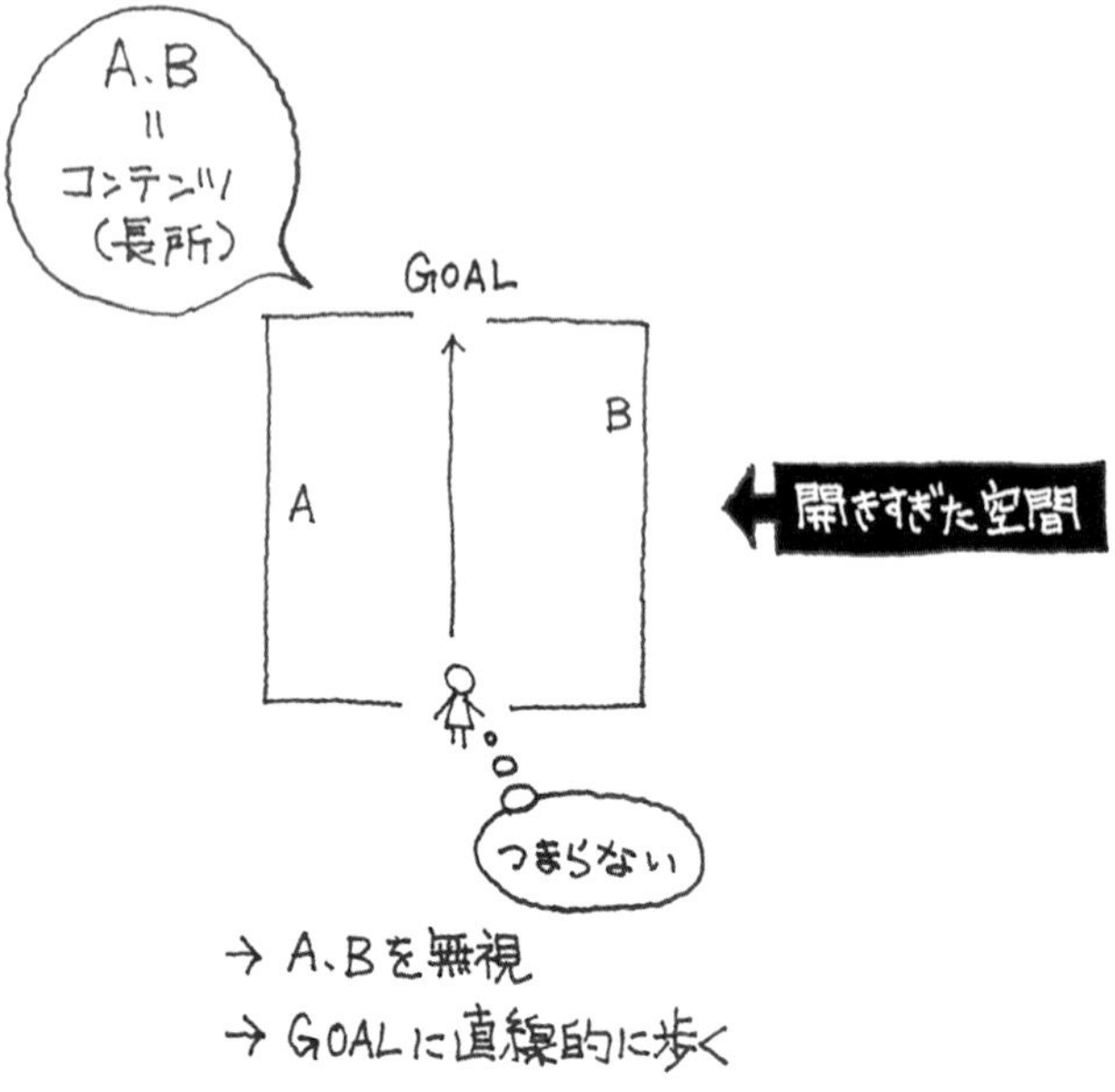
A.B
=
コンテンツ
(長所)
GOAL
B
A
開きすぎた空間
つまらない
→ A.Bを無視
→ GOALに直線的に歩く

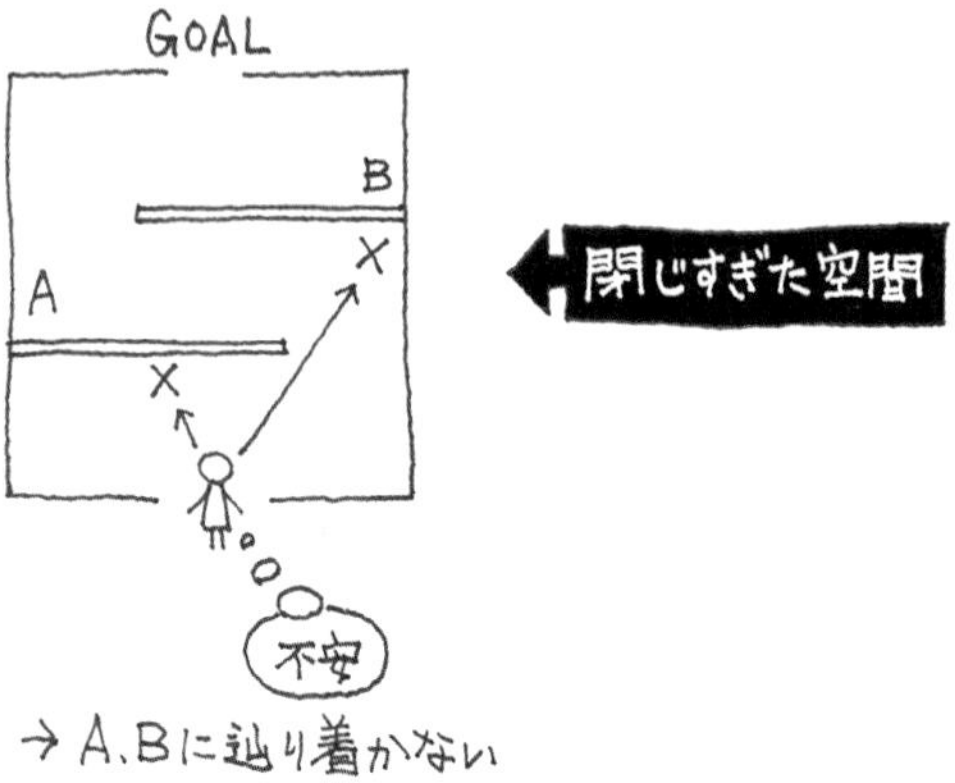
GOAL
B
A
閉じすぎた空間
不安
→ A.Bに辿り着かない

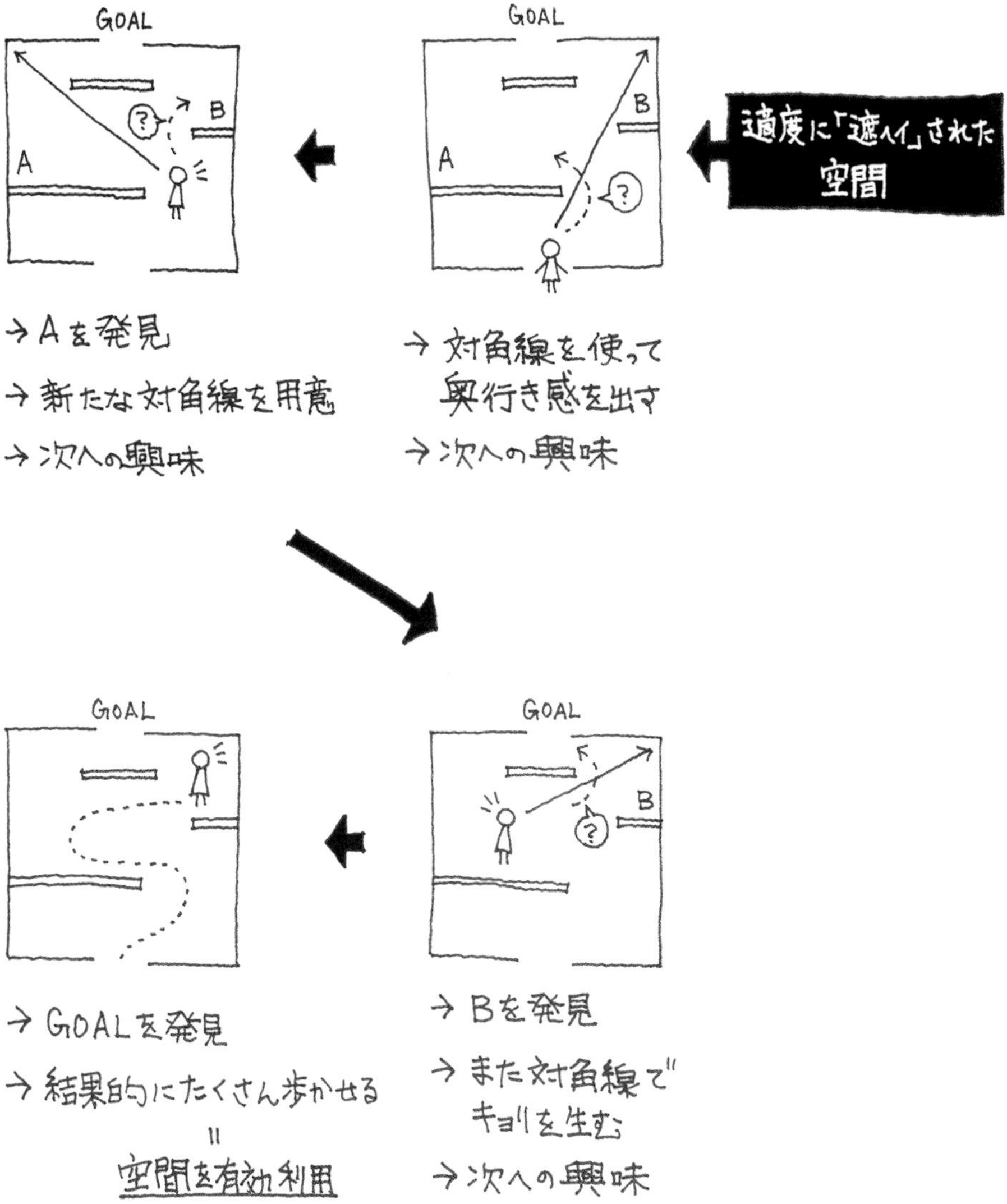
適度に「遮へイ」された空間
GOAL
A
B
→ 対角線を使って奥行き感を出す
→ 次への興味
GOAL
A
B
→ Aを発見
→ 新たな対角線を用意
→ 次への興味
GOAL
B
→ Bを発見
→ また対角線でキョリを生む
→ 次への興味
GOAL
→ GOALを発見
→ 結果的にたくさん歩かせる
=
空間を有効利用

その順番をどうするかによって、場の特色や広さの印象が変わります。さらに隠した場所を明るくライティングすることによって、人々の好奇心に一層強く訴え、誘引力を増すことも可能になります」。

２０１２年にnendoが手がけたミラノ市内の老舗百貨店「リナシェンテ」の改装でも、佐藤は同様の発想を応用している。このプロジェクトが始まる際、リナシェンテのヴィットリオ・ラディーチェ・社長が佐藤に述べた言葉があった。「真に贅沢な空間とは、開放性とプライバシー性が共存する場です」。

「全体を見渡せると同時に、気になる商品に出合った際に落ち着いて検討できる空間を考えました。ミラノの街並みに着想を得た大窓のようなスクリーンを店内に配し、視線制御フィルムを用いることで、斜めからは奥が見えず、正面に立ったときに初めて奥が見える仕組みにしたのです。一部を遮蔽しながらも、全体として視線が抜ける空間構成です」（佐藤）。

空間を仕切ることによって、全体像が把握できず、むしろ広く感じることもある。

「全部を見せてしまうと、人々の興味を引きにくい」。

一部が隠され、奥が見え隠れする場。日本建築や庭園のつくり、日本文化の「奥」の概念をふと思い起こさせる。

彼らがミラノサローネに初めて出展した２００３年、自分たちで展示ブースのデザインを通して痛感したことがあった。人々が行き交う通路からブース全体を見渡せる状態であると、人々は奥を一瞬目にしながら、分かったという表情で通りすぎてしまうということだ。展示の奥をあえて一望できない状況にすることで、好奇心を刺激できる。心に訴え、興味を持ってもらえる第一歩を作ることができるのだ。

「ただし遮蔽しすぎるとその存在に気付いてもらえない可能性があるので、アイ・ストップとなる要素を用意したうえで隠します。何かがある！とまずは予感させ、最終的には空間全体を通じて起承転結の構成を考えることが重要なのです」。

制限することで伝わるメッセージに

空間だけではない。プロダクトデザインにおける「隠す」にもさまざまな手法がある。まずは色彩や情報を制限する「フィルタリング」の手法。

ミラノの老舗百貨店、リナシェンテの改装プロジェクト。遮蔽の手法を利用し、開放性とプライベート性が共存する空間に

写真：阿野 太一

「dark noon」。デンマークの時計ブランドnoonのためにデザイン。時刻を示す数字を分解して見えなくした

写真：岩崎 寛

冒頭で述べたような空間感覚をプロダクトに落とし込み、情報の一部を隠したプロジェクトが、デンマークのコペンハーゲンを拠点とする時計ブランド、noon（ヌーン）のための腕時計「dark noon（ダーク・ヌーン）」のシリーズだ。同社の定番製品である「No. 17」を基にnendoが文字盤とディスクをデザインした5種類の限定シリーズが２０１２年に発売されている。

同社の腕時計は、秒針、分針、時針と、それぞれに着色された半透明のディスクが回転し、時の変化に合わせてカラフルに重なりあうことで知られている。しかし佐藤は同社製品の鮮やかな色をあえて用いず、黒と白、アクセントのゴールドに絞っている。そのことでディスクの躍動的な動きを強調したのだった。時刻を示す数字そのものを分解してしまったディスクもあるが、これも「隠す」概念から試みたデザイン。回転する2枚のディスクがぴたりと重なったときにのみ、一部が欠けていた数字が完成し、時刻を知らせる。

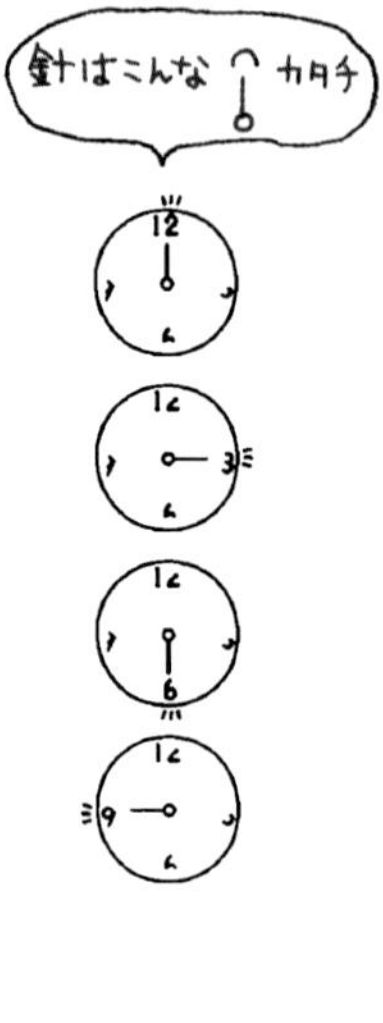

「普段は隠れていて、一定の時間になると情報が出現することで、時間の経過をより新鮮に感じ取れるのではないかと考えました」。

彼らのプロダクトデザインには、色を潔く削って情報を整理してしまった地球儀もある。手貼りによる精緻な地球儀として高い評価を得ている渡辺教具製作所の「corona（コロナ）」で、nendoはなんと細かな地名や国ごとの色分け、国境線……といった地球儀の常識を省略してしまった。情報そのものを潔く遮蔽してしまったことで、海岸線などの輪郭が強調されることになった。遮蔽することでデフォルメされ、地球儀に新たな魅力が生まれている。

「もともと質の高かった地球儀なので、愛用者をさらに広げられるのではないか、美しい地球儀をインテリアとして観賞する人もいるのではないだろうかと考えました。インテリアショップからの注文や、米国やカナダをはじめ海外からの注文も定期的に入るようになったそうです。またこの商品をきっかけに同社の既存商品に興味を持ってもらえるようになり、売り上げ増につながったことも大きな成果だと思います」。

周囲を隠す、削ぎ落とす、裏側を見せる

nendoが考える「隠す」方法には、対象物の周辺を隠してしまう「マスキング」もある。「このことで、核となる重要な情報を浮き彫りにすることができます」。

渡辺教具製作所の地球儀「corona」。国境や地名などの情報を見えなくして、その精度の高さをアピールしつつ、インテリア性を高めた

写真：川部 米応

KMEの銅を素材にした家具「mist」。素材の一部だけを見せる手法

2012年のミラノサローネ時にイタリアの銅製品メーカー、KMEのショールームのためにデザインしたテーブルも、このマスキングの一例。「一部を残して白く塗装したのですが、氷山の一角から全体を想像してもらい、銅本来の魅力を感じ取ってもらおうと考えました」と佐藤は解説する。一部を隠してしまったといっても、突拍子のないデザインとなっているわけではない。美しい家具として、全体がまとめられている。よく見ると素材の違いが分かり、このテーブルのデザインに込められた考え方を一層楽しめるという、高度なコミュニケーションだ。

「海外の企業の幹部やプロジェクトを統括するクリエーティブディレクターと話をしていると、日本と海外のデザイナーの違いについて話題になります。イタリアのデザイナーは色に関する感性の諧調が豊かであることに対して、日本のデザイナーは陰影を活用した表現が得意だというのが彼らの見方です。陰影とは、光と陰、特に影を生かすことで何かを強調するといった、情報を絞る表現を指します。

谷崎潤一郎の『陰翳礼讃』に暗闇の羊羹の色あいは瞑想的で、その深さ、複雑さは西洋の菓子には見られない、という記述があります。色数を極力抑えたうえでいかに豊かに表現できるかといった点では、我々日本のデザイナーは強みを大いに発揮できるに違いありません」。

「隠す」手法にはほかに「反転」もある。表と裏をひっくり返してしまう方法だ。

そごう・西武のプロジェクト「by|n（バイエヌ）」（2013年）の定規はまさにこの手法を生かしたもの。目盛の色が白から黒へとグラデーション状に変化しているために、背景色が明るくても暗くても、読み取ることができる。つまり常にどちらかが表の状態になるわけで、表と裏が環

境に応じて「反転し続ける」デザインとなっている。

「隠す」手法について、いま一度整理しておこう。

1 視点の一部を遮ることで、視線をより遠くに導く。

2 要素の一部を削ぎ落とすことで、メッセージをより明快にする。

3 周囲を隠してマスキングすることで、対象物を強調する。

4 反転させることで、伝えるべき表側の情報に目を向けてもらう。

このように一部を隠すデザインの有効な手法を、企業はどう活用できるのだろうか。

「『隠す』ことはコミュニケーションの手法です。自分たちの長所と短所をそれぞれ認識したうえで、自覚している長所を伝える工夫にほかなりません。

それも長所を全面的に披露してしまうのではなく、一部を隠す方法で人々の心に訴える方が、より伝わりやすいのです」。

ちなみに「自らの強みを知る」「自らが得意であると知っていることを、自らが得意とする仕方で行うことによって成果を上げる」ことを、P・F・ドラッカー氏も指摘している。

ところで、佐藤の「隠す」手法は、「一歩『下がる』」にもつながる。過剰ともいえる情報に包まれた現代社会において、多くの人々に希求されている感覚かもしれない。

MD.net Clinicのインテリア。装飾を使って、ドアの存在を見えなくする

写真：Jimmy Cohrssen

そごう・西武とのプロジェクト、by|nの定規「contrast ruler」。白地に置くと白い線と文字が消え、黒地に置くと黒い線と文字が消える。どんな背景色でも目盛を読み取れる

写真：吉田 明広

「気になったものにかかわりたいという本能を人間は持っています。本当に伝えたいものをあえて隠すことで楽しく発見できる機会を多彩に作っていけるのです。

隠れているということは『出現する瞬間』を生み出すことにもつながります。これは受け手の感情を大きく揺さぶる効果を発揮します」。

「隠す」手法は相手をただ驚かせるためのものではなく、商品をただ多く売る仕掛けでもない。佐藤をはじめnendoのメンバーが世界に打って出ようと国内外のプロジェクトで試行錯誤を重ねながら習得してきたこのコミュニケーション手法は、「ことばや文化の違いを越えて伝わるデザイン」を考えるうえでさまざまなヒントを含んでいる。

「ゆるめ」につくる

私たちに身近な日用品のデザインから、世界中のデザイナーが切望する企業との仕事、デザインギャラリーで披露されるワンオフ（1点物）の作品まで、幅広い活動を展開しているnendo。これまでに世に出たプロジェクトを合計すると、約500件に上ると言う。デザインオフィスには通常「代表作」があり、仕事をしたいと願う憧れの企業やブランドがあるのが一般的だが、そうした点を特に意識していないところに、佐藤オオキのユニークさがある。nendoの代表作とは何か？と尋ねても、困った顔を見せるだけだ。

「主役を張れるほどではありませんが、使い勝手が良いと監督やプロデューサーに重宝がられる助演ぐらいの役者でありたいと思っています。そのように、どんな仕事にも対応できることに魅力を感じています。

医者のようなもので、患者は1人ひとり違う。その診察の1つひとつに最善を尽くす。ベストの診察はどれか？と聞かれても答えられないのと同じです」。

LOUIS VUITTON「surface」。平面から立体へ、機能とともに変化を遂げる照明

1枚の皮革が全体を支え、シェードの役割も果たす

企業の立場を優先し、かかわった製品や空間が人々にもたらす効果について述べるnendoだが、彼らがもっともこだわるのは完成度の高さではない。

当の佐藤はこう述べている。『ドラえもん』に登場する『ひみつ道具』は「問題を解決するために作られ、親しみやすくて、取り扱い説明書不要ですぐ使える。しかも、必ず欠点があります。それによってストーリーが展開していくわけですが、ある意味理想だと思います」。

「ゆるめ」であるメリット

nendoはたしかに「完成形を限定しないモノ作り」の大切さをよく口にする。そのつど状況を把握し、クライアントの立場を理解しながら、「手を加えすぎないデザイン」を目指す。

２００８年、都内のデザイン施設、21_21 DESIGN SIGHTで開催された展覧会「XXIc ―― 21世紀人」展に佐藤が参加した際、展覧会を監修した三宅一生氏とのやりとりのなかで生まれた「cabbage chair（キャベツ・チェア）」も前述したような佐藤の姿勢を示す1例だ。

三宅氏の代表作として知られるプリーツ加工の服、「プリーツ プリーズ イッセイ ミヤケ」は、プリーツのかけられた布地を縫製するのではなく、ひだとなる分量を計算して裁断した布地をまず服の形に縫製した後、２枚の薄紙にはさんでプリーツ加工の機械に通し、熱でプリーツを定着させる。薄紙は加工後に処分されることになるのだが、「一度役目を終えた薄紙を用いた椅子の提案ができないか?」というのがこのときの三宅氏からの「お題」だった。

佐藤が提案したのは、何枚も重ねて筒状になっているプリーツ加工紙に切り込みを入れて開くことで、椅子の機能を持たせるというもの。テーブルの上に丸ごと置かれたキャベツのように、手を加えすぎない状態にあえてとどめている。

「キャベツ・チェア」について同展カタログに寄せた佐藤の次の文章にも、「手を加えすぎない」ことについての考えがにじみ出ている。

「デザインと料理はよく似ている、と思う。
食材を渡されてから手際良く調理をする。
食べる人の雰囲気に合わせて量を調整し、
テーブルのイメージに合わせてお皿という
限られた範囲の中に盛りつけをする。
いかに肩の力を抜いて、柔軟な意識で取り組めるか。
そんなカンカクで日々デザインをしている。

本日のお客様は三宅一生氏。
そして、「プリーツ紙」というめずらしい食材に出会った。
コトコトと煮詰めるようにして醸し出される風味もあるが、
この食材は「鮮度」が命だと直感した。

写真：林 雅之

「cabbage chair」。完成形がユーザーの手に委ねられている、「ゆるさ」を伴ったデザイン。ニューヨーク近代美術館などに収蔵されている

写真：林 雅之

アレコレと手を加えずに、できるだけプリミティブな処理をしようと。そして、でき上がったものを見たとき、サラダよりもシンプルな、生野菜をそのままポンッとお皿にのせたような、調理と呼べるか呼べないかギリギリのものとなった」。

佐藤の発想を応用すれば、ユーザーが思い思いに形作ることも可能となる。届けられた筒状の用紙を自由にカットして使う、という方法だ。まるごと味わうのか、細部に手を加えていくのが良いか。届いた食材を思い思いに料理することで、自分だけの1脚を作る味わい方である。

素材そのものの鮮度を最大に生かすことを旨とした「手をかけすぎない」デザインは、人々がかかわっていく時間を残したデザインであり、「変わっていく過程」を内包したデザインとも言える。あるいは、変わっていくことそのものを軸に据えた空間やプロダクトの提案もある。どちらにも「楽しみながらモノや空間にかかわっていける状況が大切」という佐藤の持論がある。

毎年2月にスウェーデンのストックホルムで開催される国際家具見本市にストックホルム・ファニチャー・フェアがある。この見本市では毎年1人のデザイナーが「Guest of Honour（ゲスト・オブ・オナー）」として選ばれ、メーン会場のエントランス約200平方メートルを自由に用いた大規模展示を行うことができる。世界各国のメディアのインタビュアーが10分ごとに次々登場し、「その年のデザイナー」の取材が公式に行われる。大変な名誉なのだ。

佐藤は2003年に初めてこのフェアを訪れている。翌年には「グリーンハウス」に参加。ミラノサローネの「サテリテ」のような場で、デザイン界への登竜門として一目置かれる、若手のための展示会場だ。それから9年目となる2013年、ゲスト・オブ・オナーとしてnendoはストックホルムに招かれた。「世界で最も注目されるデザイナー」として招かれた晴れ舞台でnendoが行ったのも、「ゆるさ」と「変化」を生かしたインスタレーションである。

「80 sheets of mountains」と名付けられた展示を構成するのは、レーザーカットで切り込みを入れた5ミリ厚の発泡スチレンボード、80枚。色は白。そのなかに配されたnendoデザインの家具も白一色。潔く要素を絞った展示は、雪のなかでの展示のようにも見える。

「発泡スチレンボードの切り込みを現場で広げて立体化し、合板で作った床面の穴に差し込んで設置しました。平面から立体へ、変化を生かした構成で、素材は小型トラック1台で会場に搬入できる量に収めています。施工会社も特別な工具も必要ありません。誰もが手軽に組み立てられるものにし、床面の施工を含むすべてを1日半で仕上げました。素材、搬入、施工などの面で環境負荷の少ない展示になっています」。

この家具見本市でスウェーデンの照明器具メーカー、Wästberg（ワストベルグ）から発表されたnendoデザインの照明器具も、同じく「変化させられること」を重視している。ランプシェードのデザインは3種類。ポールもフロア用とデスクタイプ用の2種類が用意され、シェード、支柱、土台、光源が実験器具のようにセットされている。使う人が組み立て、組み替えながら手軽に光の向きや高さを変えられるプロダクトになっているのだ。

「完成度の高いプロダクトは時に使い手に隙を与えず、作り手の押し付けのようになってしま

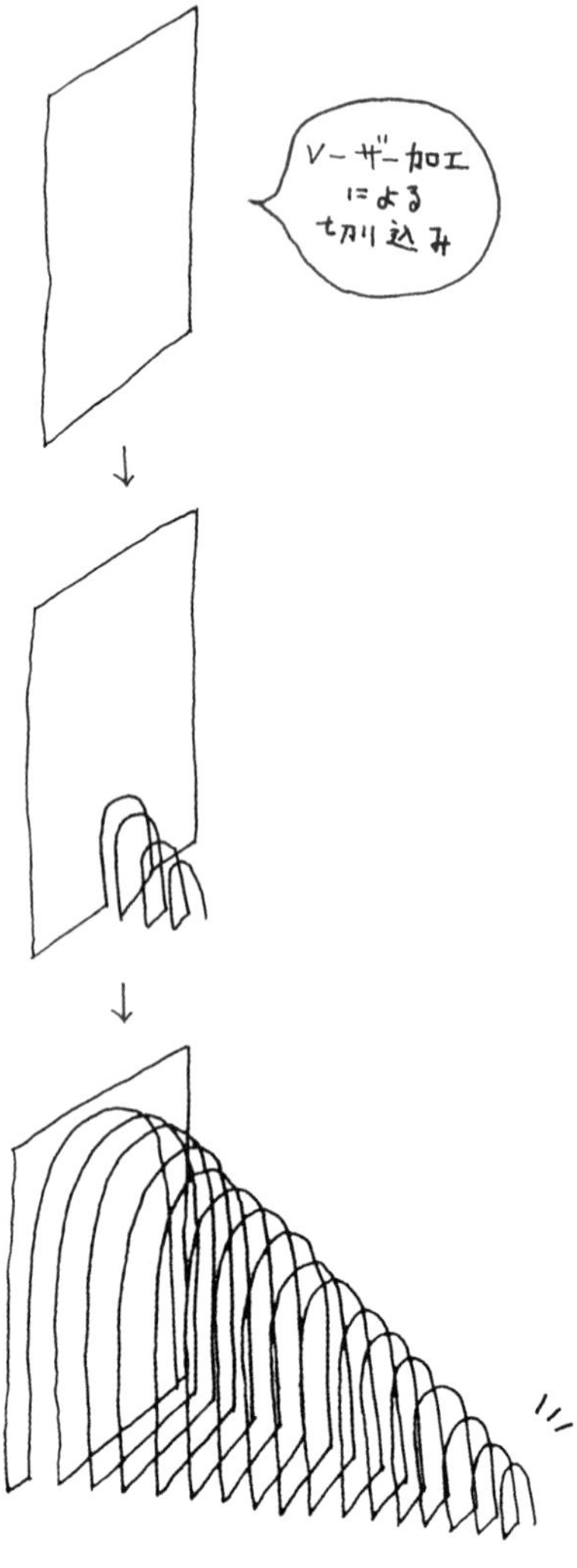
レーザー加工
による
切込み

ストックホルム・ファニチャー・フェア「80 sheets of mountains」

写真：Joakim Blockstrom

うことがあります。一方で、すべてを完璧に完成させてしまわず、あえて一部に余白を設け、ユーザーにモノ作りの過程に参加してもらえる時間や空間を残しておく方法もあります。

生活の一部をユーザー自身の手で作り上げる充実感のようなものを感じてもらえることは、モノや空間への愛着を深める機会になると思うのです」。

使う側が変えるデザインの可能性

2013年1月にコクヨファニチャーから発表された2種類のオフィス家具も、「変えられる」状況を重視したものだ。従業員30人未満の小規模事業所（コンパクトオフィス）向けの家具ブランド「ofon（オフォン）」と、研究開発部門のオフィスを対象とするモジュール型ハイバックソファの「brackets（ブラケッツ）」である。

オフォンは、コクヨファニチャーがこれまで対象としてきたのが従業員300人以上の事業所であることに対し、全国の9割以上を占めるコンパクトオフィスに今後の可能性を見出したプロジェクト。実験とも言える新たな試みでもある。「対象を少しずらしたところから見ている佐藤オオキさんが適任だった」とコクヨファニチャーの藤木武史・上席執行役員は振り返る。

デスクやボックス収納などのアイテムを、500円硬貨など身近なコインで簡単に開閉できるネジで連結して使う。スタッフが増えるといった変化にもパーツの組み替えや買い足しで対応できる。専用ウェブサイトでお薦めの空間配置やそれらの商品ラインアップも調べられるなど、組み立て、組み替えをユーザーが簡単に行えるよう、徹底した配慮がなされている。

「小規模の事務所では組織の成長に沿って家具の組み合わせや配置が求められます。その時々の事業内容や作業で空間の使い方にも短期的な変化が必要とされるなど、オフィスを自ら工夫し、最適な空間構成を探っていかなければなりません。6人から始動して今では約40人が働くnendoのオフィスでの我々の経験も、デザインに生かすことができました」と佐藤は言う。

ブラケッツでは、オフィス空間のなかに「カギカッコの記号のように」(佐藤)、コミュニケーションスペースを生み出すモジュール型ソファを提案した。個人/グループ、開く/閉じる、集中/リラックスといった多様なバランスを細かく調整でき、家具の組み合わせによって、ミーティングスペースやパーソナルスペースとして使うことができる。

「フリーアドレスのオフィス環境が試みられるようになってしばらく経ちますが、いつしか各自の席が固定してしまうのが現状のようです。ブラケッツは、ユーザーが『変えていく』行為そのものを楽しみたくなる仕組みを作りたいと考えた製品です」。

これらのほかに、LOUIS VUITTON(ルイ・ヴィトン)初の家具コレクション「Objects Nomades(オブジェクト・ノマド)」プロジェクト(2012年)でも「ゆるく」まとめる考え方が貫かれている。パトリシア・ウルキオラ氏、カンパナ兄弟など、デザイン界で「スター・デザイナー」と呼ばれ、いま最も勢いのあるデザイナー10組にnendoも参加。照明器具「surface(サーフェス)」を提案したのだ。

1853年の創業以来、ルイ・ヴィトンは一貫して「旅」をテーマに掲げている。このコレク

コクヨファニチャー「ofon」。可変性を追求したシステム・オフィス家具

写真：岩崎 寛

コクヨファニチャー「brackets」。ユーザー自身がパーツを組み合わせることで、スペースを区切ることができるオフィス家具

写真：吉田 明広

ションでも移動や旅、屋外で使用できる家具という視点がキーとして示された。それを受けてnendoが提案した照明器具は、平面から立体へ、機能とともに変化を遂げるプロダクトだ。

「1枚の皮革が全体を支える構造となり、光を和らげるシェードとしても機能します。ルイ・ヴィトンの工房を訪ねたとき、巻かれた皮革が整然と並べられていました。それらは職人の手によってさまざまな製品へと変化を遂げます。その風景にインスピレーションを得ました」。

「ゆるめにつくる」ことや姿を変えられる魅力そのものに関する佐藤の言葉も引用しておこう。「変化がかつてないほど速くなっている今日の社会において、物や状況を固定化してしまうことはリスクとなります。それを軽減できる提案が重要です」。完成形を作り上げることや到達点を限定することに固執せず、ゆるめにつくることで、毎日に小さな喜びや驚きをと考える。

使う人がそのモノにかかわる時間や頻度が高くなるほど、モノとの間でさまざまな「物語」が生まれ、魅力が増大していく。変化を取り入れるべく「ゆるく」まとめられたデザインとは、人々にそのつど鮮度の高い楽しみ方を提供することになる。ユーザーにかかわることのできる余地や変化を残しておくこと。デザインの世界に限らず、忘れてならない視点ではないだろうか。

藤木武史氏（コクヨファニチャー 上席執行役員）

社会の変化とともに働く場の問題もさまざまに指摘されています。これはそう簡単に解決できるものではありません。時間に追われる時代が来るからといってただ効率性を追求すればいいわけではなく、コミュニケーションが不足する時代を迎えているからといって、目的意識のない会話をただ増やせばいいというわけでもありません。マイナスかプラスか、といった思考では、これからのオフィス空間は作れません。どのような意思でオフィス環境を作るのかが、ますます重要になってくると思います。

佐藤オオキさんにデザインを依頼したのも、我々のそうした考えがあったからです。nendoの活動を紹介する記事や作品を通して、対象を真正面からではなく少しずらしたところから見ていることや、対象の周りに目を向けている点に興味を持ちました。

実は「オフォン」と「ブラケッツ」そのものが、通常の活動から少し視点をずらした試みです。オフォンは大企業ではなく小規模事業所のための家具、ブラケッツは研究開発に従事する人々を対象とする家具です。オフォンではSNSなどを使ってユーザーへのダイレクトなコミュニケーションを行い、反応を知りたいと考えました。通常とは少し違う角度からデザインできる人をと考え、佐藤さんに依頼したのです。

当初の計画は、弊社ですでに開発していたネジを用いてコミュニケーション誘発型の家具を開発することでした。「コミュニケーションを図るための家具を作りたい」と佐藤さんに伝えたところ、「小規模事業所ではコミュニケーションはとれている。半面、集中できる環境を作るのが非常に難しい」との提案がありました。こうしたやりとりのうえで小規模事業所向けの家具というコンセプトを魅力的に表現してくれ、柔軟性に富むオフォンの世界観をまとめてくれました。

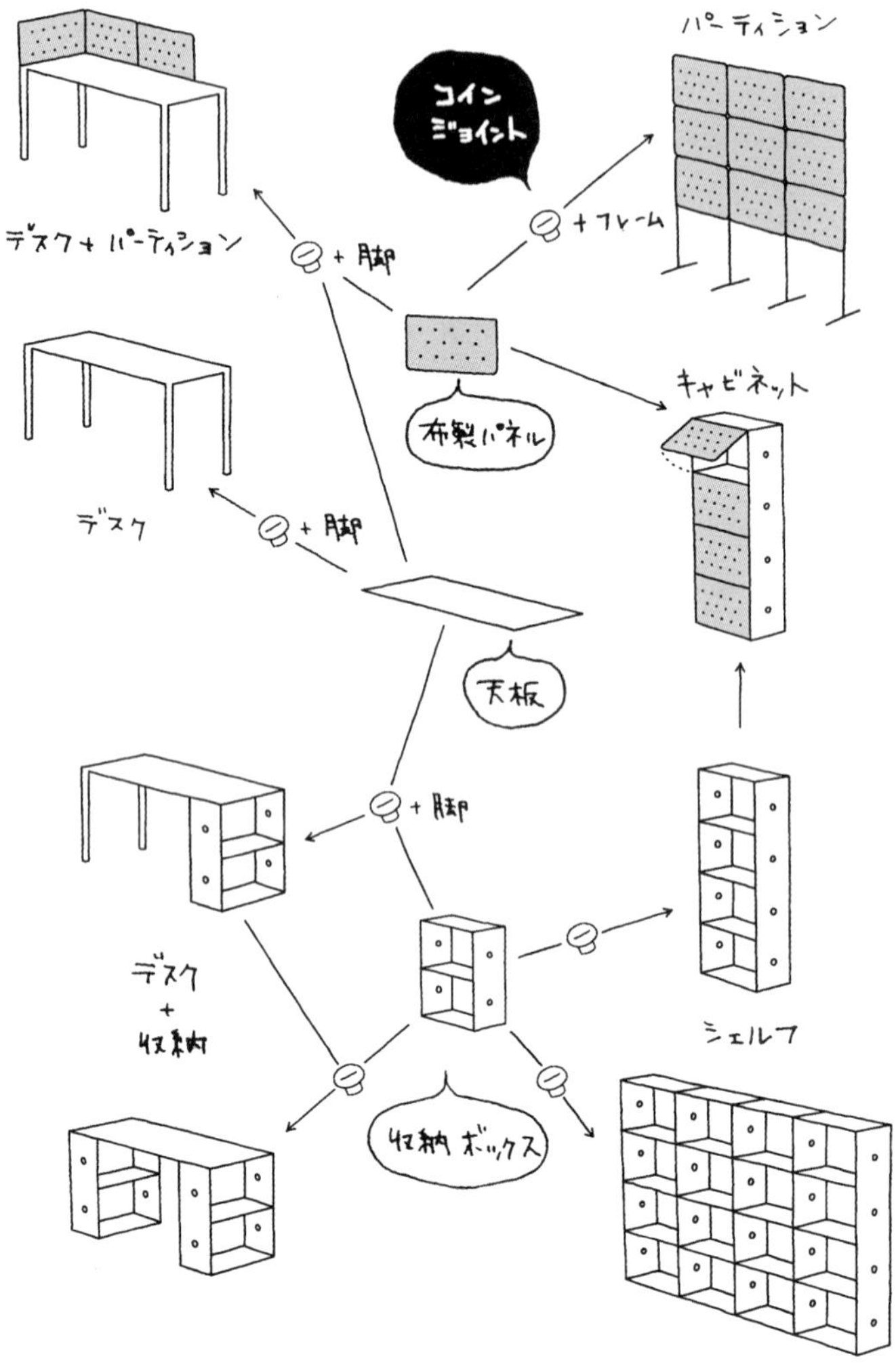
コイン
ジョイント
デスク＋パーティション
＋脚
パーティション
＋フレーム
デスク
＋脚
布製パネル
キャビネット
天板
＋脚
デスク
＋
収納
シェルフ
収納ボックス

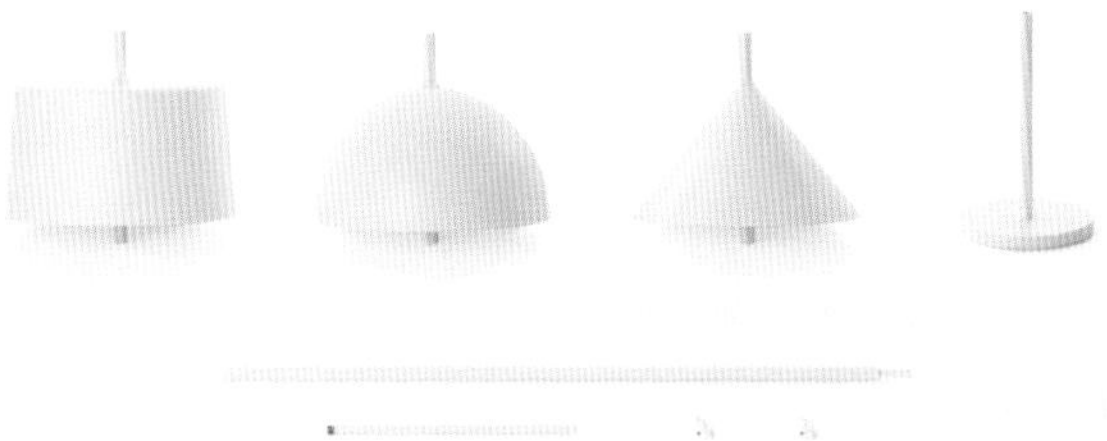

Wästberg「Nendo w132」。使う人が組み立て、組み替えながら使える照明

ブラケッツは、「日本企業の創造性を高めるには、研究開発部門の力を強めることが重要となる」という我々が立てたコンセプトに基づいています。仕事机から離れてほかの研究者と会話をするなかから、新たな発見がもたらされるのではないでしょうか。我々にできるのは、そのための環境の提供です。コンセプトを実現してくれた佐藤さんのデザインは、家具の組み合わせで空間を自由に仕切り、場をデザインしていくというものでした。空間を俯瞰して見るのではなく、コップ1個から家具、部屋、建物へと広げて見ていく佐藤さんの視点が生かされていることを感じます。

オフォンもブラケッツも、プロダクトデザイナーとして商品を売るためのアプローチとは異なり「生活をどう変えていくか」の提案です。このように製品の世界観とストーリー作りを行えるのが、nendoの魅力だと思います。（談）

とにかく「集める」

細部と全体を結び、プロダクトと空間を結ぶことによる一体的な居心地の良さを生むのが、ある特定のモノを徹底して集積しながら全体を作る手法だ。まず、とにかく「集める」のだ。

あらかじめ工場内で製造された部材を組み立てて作るプレファブリケーションの建築さながらに、複数の要素をシステマチックに組み立てるプロセスが採用されることになるのだが、nendoのプロジェクトはどれも独自の詩情に満ちている。ディテールを組み立てていく工夫がなされると同時に、人々の心に響く表現の探求となっている。「左脳を使って、受け手の右脳にどう刺激を与えるかをいつも考えている」と語る佐藤オオキらしい解決方法だ。

「単一の要素をひたすら複製するのですが、デジタルの世界と違い、現実においては位置関係が存在します。同じものであっても、手前にあるのか奥にあるのかによって、その役割というか、意味合いが変化するのです。

葉っぱが生える位置によって太陽光の浴び方が違うため、1枚ずつよく見ると違う形や色、大

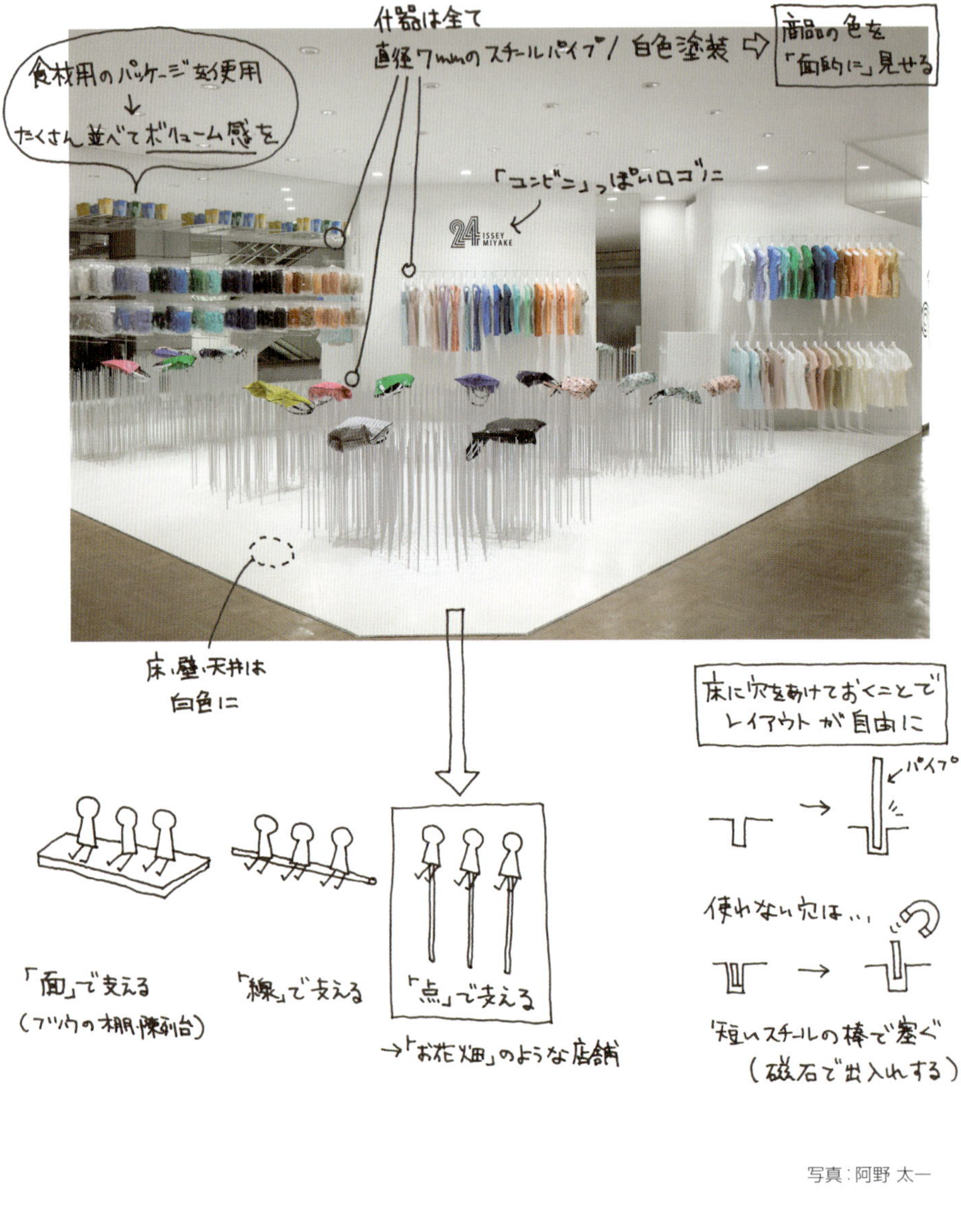

什器は全て
直径7mmのスチールパイプ／白色塗装 ⇨ 商品の色を「面的に」見せる
食材用のパッケージを使用
↓
たくさん並べてボリューム感を
「コンビニ」っぽいロゴに
24 ISSEY MIYAKE
床・壁・天井は白色に
床に穴をあけておくことでレイアウトが自由に
パイプ
使わない穴は…
短いスチールの棒で塞ぐ（磁石で出入れする）
「面」で支える（フツウの棚・陳列台）
「線」で支える
「点」で支える
→「お花畑」のような店舗

写真：阿野 太一

ISSEY MIYAKEの24 ISSEY MIYAKE 渋谷パルコ店。スチールのパイプをたくさん集めて「花畑」を作ることを発想した

きさをしているのと似ています」。

複製すること。集合させること。コピー・アンド・ペーストを重ねることで全体を形作ること。

「集める、束ねる、反復する」手法でnendoがデザインした空間を見てみよう。

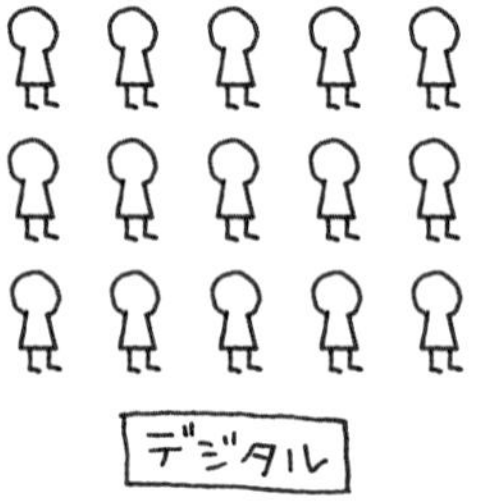

925本にも及ぶスチールの棒で「花畑」を作ることを発想したのは、佐藤がロゴやパッケージもデザインした「24 ISSEY MIYAKE」の渋谷パルコ店（2010年）。シーズンごとに20色近いカラーバリエーションが登場し、商品構成も頻繁に変わることからその色のボリューム感を最大限に強調するために、ハンガーや棚などの什器すべてが太さ7ミリメートルの白いスチールパイプで作られている。

渋谷パルコのショップではさらに、床から伸びるスチールパイプが店の中央に林立している。棒の先には形を変えるバッグが展示され、色とりどりの花々が咲いたかのようだ。棒の位置を変えることによって、花畑の様子を一変させることもできる。

「ホンモノ」を伝えるための無数の「ニセモノ」

帽子デザイナー、平田暁夫氏の70年にわたる活動を紹介した「ヒラタノボウシ」展（2011年）にも「集める」考えが生かされている。

スパイラルビルの1階にあるスパイラルガーデン260平方メートルの会場いっぱいに白い帽子が散在し、そのなかに平田氏の代表作品を展示するという催し。作品展示のステージとなった白い帽子の数はおよそ4000点。雲のように浮かぶ白い帽子の間を自由に歩きながら、作品を鑑賞するという趣向だった。帽子がたくさん集まることで逆に存在感が希薄になり、それが心地良い浮遊感を生んだ。

天井が低い空間は
「水平方向」を意識させる
レイアウト

カフェの中から眺めると
「水族館」っぽく見えるように?

光をやわらかく拡散
＝
「雲」のように
覆いかぶさる

大きな
「テーブル」状に

メインのスパイラル状の空間では
スパイラル状に配置
↑
視線と意識を「垂直方向」に
向けさせる

エントランスから人を誘引する
「通路」のような役割

不織布(旭化成・スマッシュ)
で作られた「抜け殻」のボウシ

合計4000個

「本物」のボウシ

「本物」のボウシを
際立たせ、活き活きと見せる。

ボウシの形状は
平田暁夫先生監修

「ヒラタノボウシ」展(平田暁夫)。会場いっぱいに白い帽子が浮遊し、そのなかに平田氏の代表作品を展示する

写真:阿野 太一

Acro「THREE」。集合した時に容器の肩やキャップがそろうようにデザインした化粧品パッケージ

写真：林 雅之

「会場デザインを検討していた際、旭化成が製造する熱成形可能な不織布に出合ったことがブレークスルーとなりました。この不織布で帽子を量産することを考えたのです」（佐藤）。量産された白い帽子も平田氏の監修で、手作業による作品とは対照的に金型で作られている。

「量産品を集積することによって、平田さんの手で1点ずつ作られた精妙な作品が際立って見えてくるようにしたいと考えたのです。

まるで『抜け殻』のような白い帽子を大量に複製したわけですが、配置の仕方によって人の流れを生み出す展示台になったり、壁のように空間を仕切る、天井のように覆い被さる、光を拡散させる、というふうに役割が自然と変化しているのが目に見えて分かりました。

どれも同じ帽子なのですが、結果的に1つひとつが微妙に違う機能を持っていて、それらが集まったことで空間全体に多様な表情を与えてくれたように思います」。

同じく「似て非なる」ものを多数集めることで伝えるべきメッセージを一層見えやすくする手法を採用したものに、2013年に完成した「Camper（カンペール）」の店舗デザイン第2弾がある。パリ店をはじめ世界4カ所の小規模店舗での第1弾コンセプト「空中を自由に歩き回る靴」に続く、大型店舗用のデザインとなる。

天井の高い建物に入居することの多い大型店舗では空間上部に商品を陳列しにくく、商品で空間を埋め尽くすことが難しい。そのため壁の上部にイメージビジュアルを掲示するデザインを、同社はこれまでの一般的な解決策として採用してきた。

「しかしこの方法では商品とイメージビジュアルとが明確に分離されてしまって、カンペールの店の魅力である『商品のボリューム感』を出すことができません。結果として天井の高さを活用できていないという問題があったのです。ニューヨーク店とマドリード店のデザインでは、カンペールの定番商品である『Pelotas（ペロタス）』を樹脂で成型し、多数のペロタスで空間を覆っています」。

結果として、2店合わせて約3000足という膨大な数の白いペロタスが空間を埋め尽くすことになった。靴の連続感が、空間にリズム感や高揚感を与えている。

「こうして空間を覆うことで、倉庫のように整然とした雰囲気と商品のボリューム感を生み出すことができます。またこれらの白い靴は、窓からの外光に呼応するように陰影を壁面に作り出し、立体的なテクスチャーを空間にもたらすことになります。『商品としての靴』と『内装材としての靴』という2つの異なる機能を備えた靴で構成されたショップとなりました」。

複雑な時代にこそシンプルなメッセージを

階段の空間もある。スポーツブランド「PUMA（プーマ）」がプレスルームやイベントスペースとして東京都内に設けた「Puma House Tokyo（プーマ・ハウス・トーキョー）」（2011年）。ここでの階段はすべて商品であるスニーカーのディスプレイ台としての機能を備えているが、それだけではない。我々が日常生活でよく身体を動かしている空間が階段であること、スタジアムの客席や表彰台としても階段が用いられているといった事実が引用されている。これまでの棚や平台

Camperニューヨーク店。白い靴が約1800足、壁に設置された

写真：阿野 太一

Puma House Tokyo。階段はすべて商品であるスニーカーのディスプレイ台として機能する

写真：阿野 太一

などの陳列用什器とは全く異なり、空間全体を生かした立体的な商品展示が可能となった。

ほかの事例として、アウトドア活動の普及と活性化を目的とする「安藤百福センター」のために作られ、長野県内の森林に設置された「bird-apartment（バード・アパートメント）」（2012年）がある。地上約5・5メートルに位置するこのツリーハウスの半分を構成するのは複数のバードハウスだ。切妻屋根のバードハウスが78軒分も集まることで、1つの大きな家になる。残り半分が、人が入ることのできる1棟のツリーハウスとして利用されている。

鳥小屋との間の壁には玄関扉用の「ドアスコープ」と呼ばれる小さな覗き穴が多数取り付けられ、鳥小屋の内部を観察できる。78対1という大胆な対比で、鳥たちと向き合う。人間と自然との関係を考えさせる建築とした。

このように1つの要素を集積させる手法の意味を、現代社会と結び付けて考えることもできそうだ。携帯電話の変遷を例に挙げるまでもなく、周囲にあるモノの機能は倍増し、複雑なシステムを作ろうと考えれば技術的に可能な時代に私たちは生きている。こうした時代において1つの要素を多数束ねる方法は何ともアナログな手法であり、また、集めることそのものも人間の原初的な行動に通じる行為だ。だからこそ、多くの情報が人々に圧迫感を与えるような現代社会において、「集める、束ねる」方法はときに潔い力を発揮する。

またこうしたシンプルな発想は、入念な準備ときめこまやかな仕上げによってこそ、効果を一層発揮していく。平田氏の帽子の展覧会では、量産される白い帽子の細部は事前に徹底して検討されている。24 ISSEY MIYAKEでは使用しないスチール棒の穴に短い金属を入れておき、ゴ

スツール
テーブル
床
部屋

bird-apartment。切妻屋根のバードハウスが78軒分も集まることで1つの大きな家になる

写真：吉村 昌也

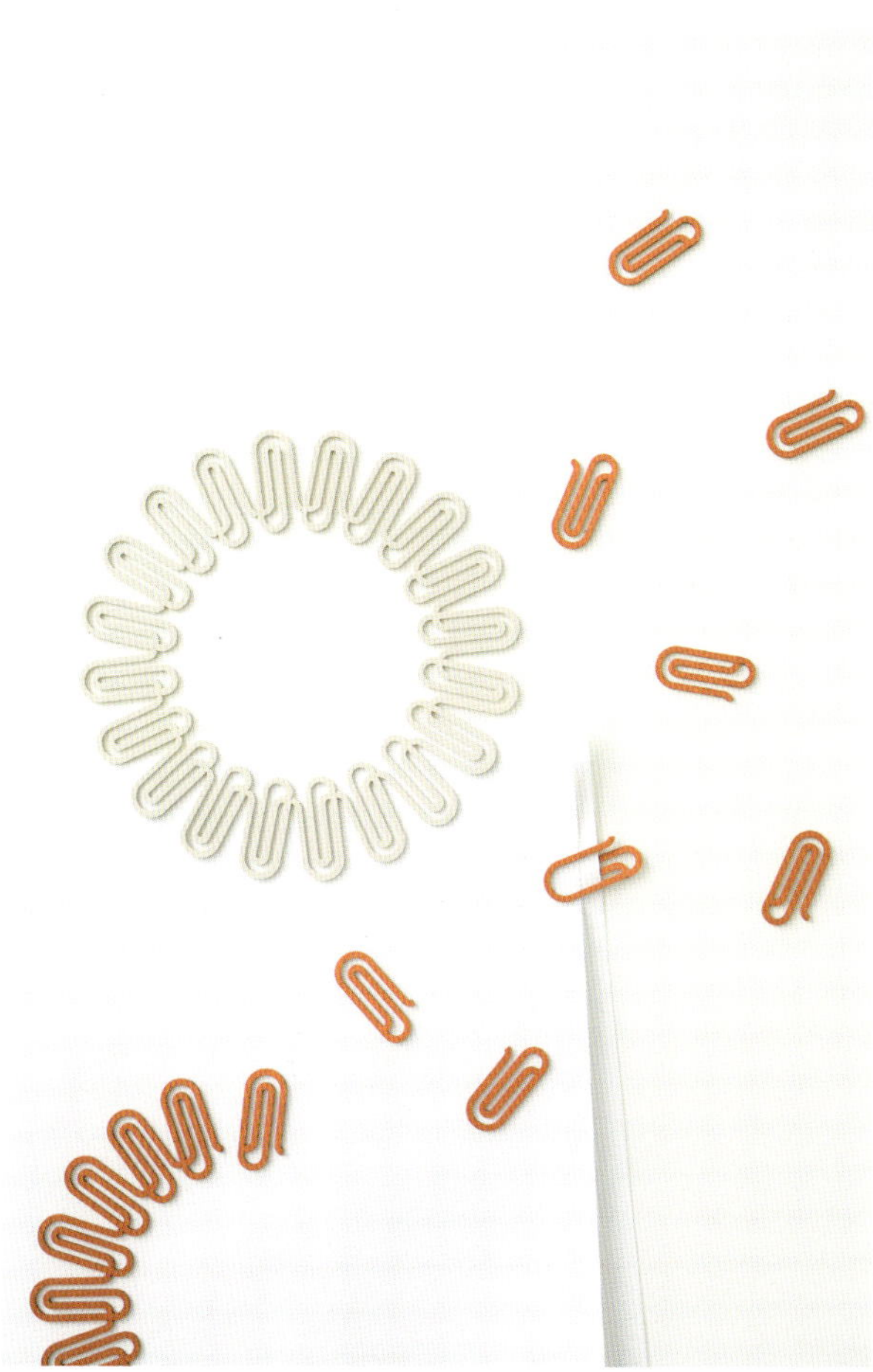

by|n「link clip」。本来はバラバラのクリップをあらかじめ1つのリングに集合させておき、使う分だけ切り取るデザイン

写真：吉田 明広

ミなどが入ることを防いでいる。この金属を取り出すときには、磁石で取り出すように工夫されている。

「『デザインとは花束をプレゼントするようなもの』という名言がありますが、これは、単に相手のリクエストに応じるのではなく、観察や理解を通じて『相手が本質的に求めているもの』を予測して提供する、そのようなデザイナーとしてのあるべき姿を『花束を贈ること』となぞらえた言葉です。この言葉に共感しつつ、我々のこの手法は、別の意味で花束やブーケに近いのだと思います。1輪でも美しい花が束になることで、別の美しさが出現する。そんな感じでしょうか」。

「休み時間」に休ませない

「『違和感』を生む」で触れたように、「ぼんやりと周囲に目を向けたとき、自分のフィルターにひっかかってくるもの」を重視している佐藤オオキ。使われていない状態の日用品もまた、彼のフィルターには次々にひっかかってくるようだ。使われていない状態を観察すること、すなわちモノの「休み時間」を考える作業も、nendoのデザインには欠かせない手法となっている。

「モノ作りをする際、デザイナーはそのモノが『使用中』の状態を強く意識しがちですが、実は使われていない時間の方が長かったりします。

家の階段を上り下りしている時は『階段』として立派に機能しているけれど、使われていないときは何なのだろう？ とか、寝ている間や日中の照明器具は何なのだろう？ とか。

モノの『休み時間』とも呼べる、あまり人々の役にたっていない状態を再考してあげることで、新たな展開が見えてくる気がします」。

モノや空間のオンとオフを考えること。フィットネスジムのインテリアで、壁一面を「クライ

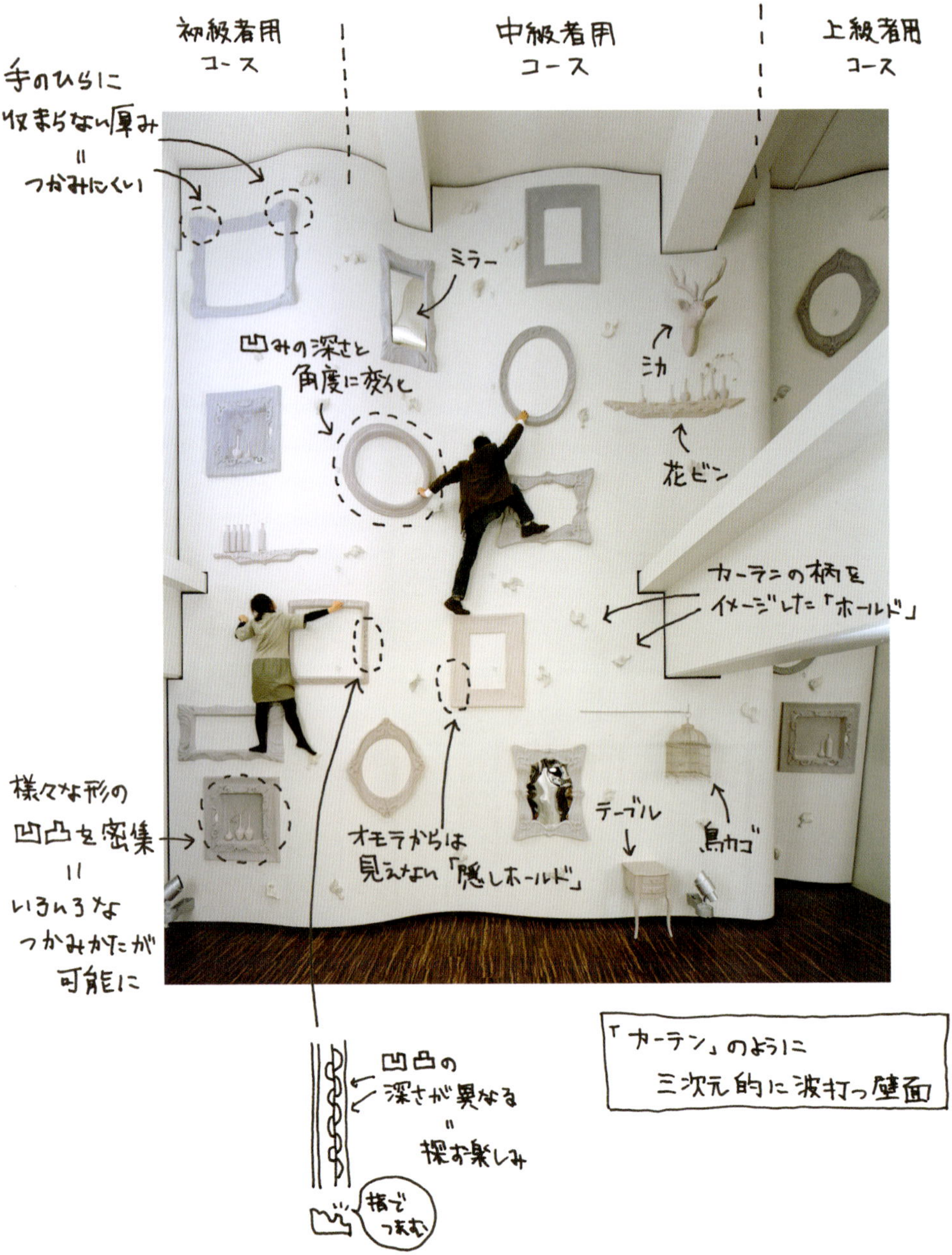

ILLOIHA OMOTESANDO。クライミング・ウォールとして
機能しながら、使われていないときも視覚的に楽しめる

写真：阿野 太一

スターバックス コーヒー ジャパン「mug americano」「mug caramel macchiato」「mug latte」。底辺にコーヒーのイラストをプリントすることで、洗った後に逆さまに置くとコーヒーで満たされているように見える

写真：吉田 明広

ミング・ウォール」にしてしまった「ILLOIHA OMOTESANDO（イロイハ表参道）」（2006年）はその好例だ。

まずはジムの空間そのものに特色があった。建物の地下1階と2階に位置しており、2層分の吹き抜けが上下階を結んでいた。「とても目立つ空間なので、何かデザインを施してほしい」というオーナーのリクエストに対して、高さのあるその壁をインドア・クライミングとして活用することでジム全体を特徴付けると同時に、利用料金を設定して多少でも収入源として事業に貢献してくれることを考えた佐藤は、大小異なる形のピクチャーフレームや棚、鏡、鹿の顔や鳥かごなどのインテリア雑貨を壁一面に配置した。指をかける位置に工夫を凝らすなど、クライミング・ウォールとして機能しながら、壁そのものを視覚的にも楽しめるようにデザインしている。

一般的にはアウトドアの趣が醸し出されるクライミング・ウォールでインテリア性を強調するという逆転の発想であり、誰も登っていないときでも違和感がない、まさに「休み時間」を活用した好例と言える。完成直後に国内外のメディアからの取材が相次ぎ、同ジムにおいても大きな出来事となった。

「メディア露出が増えたことに伴って売り上げが伸び、オープンして約1年後には、より好立地な物件へと移転することになりました。ただ、そこにはクライミングができるような壁がなかったので、この壁は、今は存在しません。クライミング・ウォールが好評だった結果として、それがなくなってしまったのはなんとも不思議な経験でした（笑）」。

休んでいる間にも役に立つことを考えた事例の1つに、全国展開のカレーチェーン店「CoCo

壱番屋」のキャンペーン用スプーンがある（2011年）。古今東西、すでに多くのデザイナーがスプーンのデザインに取り組んでいるが、佐藤の頭にあったのはそれらとは少々異なり、「使われていない状態を視覚的に楽しめる」ものだ。このスプーンは樹木の形をしている。コップに何本も入った状態は林や森のようでもある。「forest-spoon（フォレスト・スプーン）」の名のとおり、スプーンが集まるほどに木々の風景が広がる。

ボトルのキャップの休憩時間とは……

ところで、この「休み時間」にもさまざまな状況がある。

アロマオイルブランド「aromamora（アロマモラ）」（2008年）のボトルデザインも、問題を解決することから生まれた。佐藤に寄せられた依頼は、アロマオイルを揮散させるためのディフューザーをデザインしてほしいというものだった。通常、アロマオイルが入れられたボトルと、オイルを垂らして香りを楽しむディフューザーは別の商品となっており、使う際には双方を購入するというのが従来の方法だったが、佐藤の提案はボトルとディフューザーを一体化させることで旅行先などでも気軽に香りを楽しめるというもの。

既存のボトルをそのまま使いながらディフューザー機能を備えた新キャップのみをデザインし、金型を使わずに3Dデータから少量ずつ製造できるナイロン素材の粉末焼結ラピッドプロトタイピング機を使用することを提案している。多孔質なその素材もアロマの発散に最適だった。

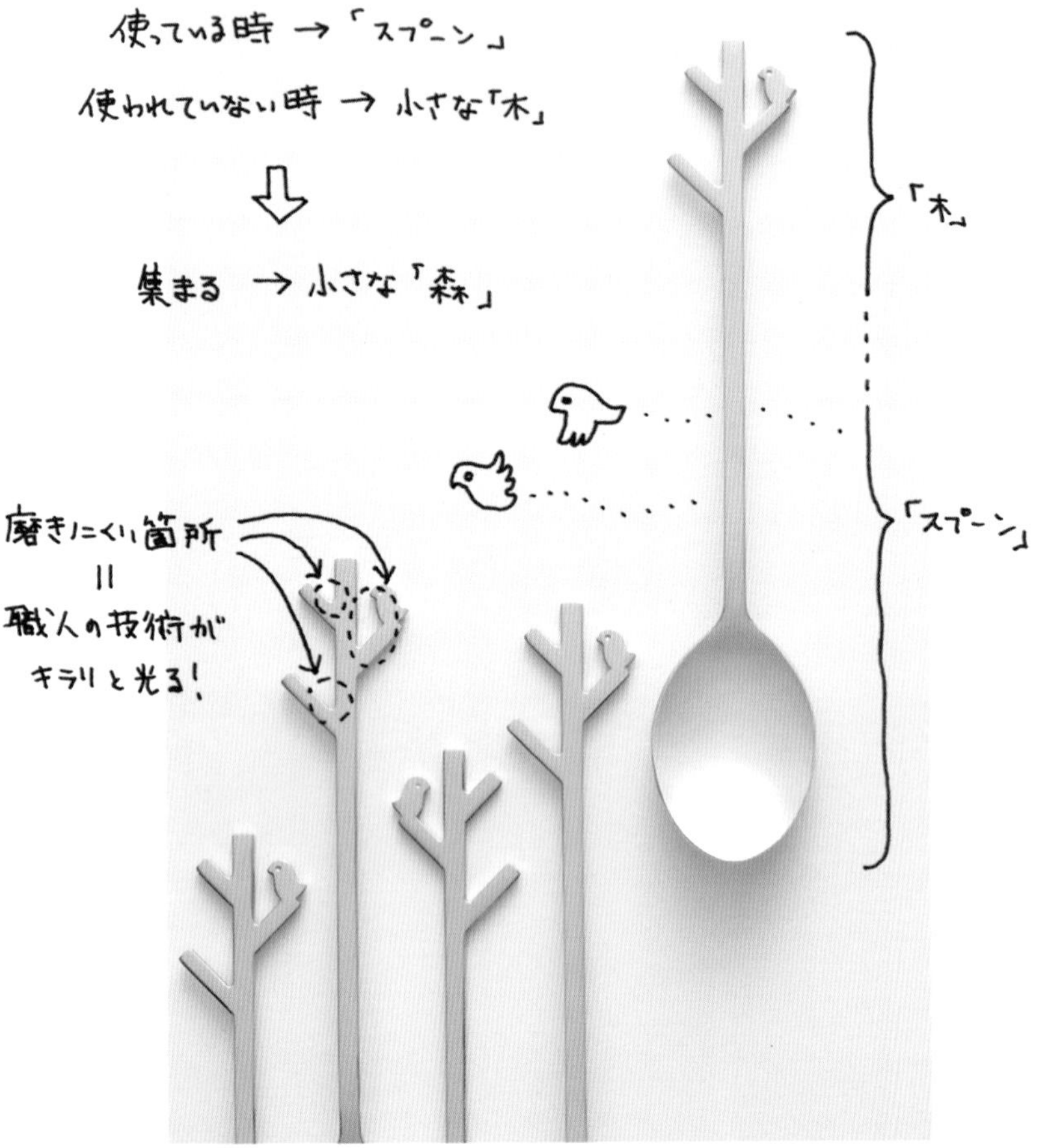

CoCo壱番屋「forest-spoon」。コップに何本も入った状態は森林のようだ

写真:林 雅之

aromamora。キャップにディフューザーとしての機能を与えた

写真：林 雅之

「普通であればディフューザーを考えるところを、揮散している間には『休憩中』のボトルに注目しました。さらに、ボトル本体を考えるところを、キャップの方に着目して機能を加えてみました。キャップがボトルから外されてテーブルに置かれている時間は、立派な『休み時間』なのです」。

「日常の気持ち」を考える

もう1例、「teapot bottle（ティーポット・ボトル）」（２００７年）も紹介しておく。「本格的な緑茶を楽しめる水筒を」という静岡茶商工業協同組合の依頼から始まったプロジェクト。ペットボトルの緑茶が人気だが、同組合では急須でいれた緑茶本来の旨味も広く知ってもらいたいと考えた。短時間でいれるお湯出しと、長時間抽出させることで甘みが増す水出しの双方に対応できることも、佐藤がこだわった点。お湯出しでは、茶葉を長く湯に入れておくとお茶の苦みが増してしまう。飲む直前に茶葉を入れることも考えられたが、佐藤がここで実現したかったのは、「持ち歩く行為やお茶を飲むまでの過程を、ティーポットのデザインに落とし込む」ことだった。

かくして、砂時計のようなポットの誕生となった。お茶を飲むときにはポット全体をくるりとひっくり返す。「好きな時間だけ抽出することで濃さを調整できます。この場合は、『飲んでいない時間』を休み時間ととらえ、移動中に抽出できるという機能を持たせることにしました」。

「テレビをデザインする、となったとき、電源を入れた状態ばかりを考えてしまいがちですが、電源が入っていない時間はテレビそのものがじゃまであったりもします。そうした私たち自身の『日常の気持ち』を考えることで、今までにないテレビの姿が生まれるかもしれません」。

ある日、佐藤が興奮ぎみに語っていた次の発見も、モノの休み時間に関することだった。

「今日、打ち合わせの最中に気付いたことがありました。デジカメで撮った画像を液晶モニターで見ようとしたとき、たまたま飛び出していたレンズ部分がモニターを支えるスタンドのようになったんです。斜めになった画面の角度は見やすく、デジカメって実はそう作られていたのかと気になって気になって仕方がありません。

撮影のために機能するレンズですが、使われていないときにもこのように別の機能があれば普通に便利ですよね」。

モノの休み時間のために、縦横無尽に知恵を絞るnendo。人々が「当たり前」だと思っているものに対してこそ、「休み時間」を発見する方法は有効だと言う。

「なぜなら、これは『新たな可能性』を見付けてあげる作業だからです。『当たり前』だと決め

静岡茶商工業協同組合「teapot bottle」

写真：林 雅之

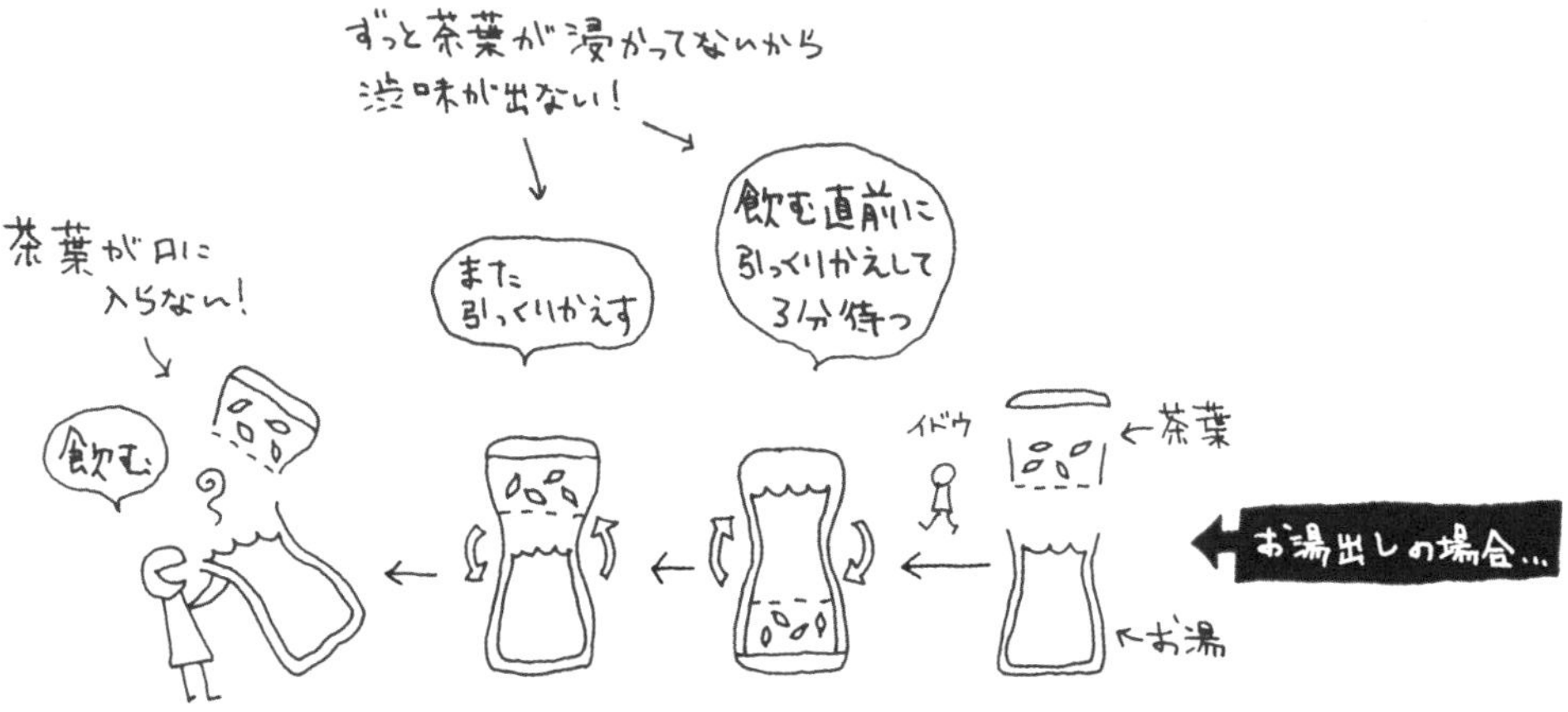
ずっと茶葉が浸かってないから
渋味が出ない!
飲む直前に
引っくりかえして
3分待つ
また
引っくりかえす
茶葉が口に
入らない!
飲む
イドウ
←茶葉
お湯出しの場合…
←お湯

茶葉が口に
入らない!
飲む
イドウ
水出しの場合…
茶葉
+
お湯
時間をかけて
じっくり抽出
水出しは
渋味が出ない。
→甘味が出る

つけてしまうのは、可能性を放棄してしまうことで、実にモッタイナイのです。傘が使われていないときに傘立てに立てられるのは当たり前。はずされた眼鏡が机に置かれているのも当たり前。でも、いやまてよ?と考えることで、新しい可能性が開けてくるのです。日常に存在するどんなものも、まだまだ捨てたもんじゃない。まだまだ可能性がある。そんな気がしています」。

多種多様なモノが当たり前に存在する時代だからこそ、使い手の素直な「日常の気持ち」に思いを巡らせることに意味があるだろう。自分をとりまくモノを1つひとつ改めて見つめてみる時間に、大きな意味がありそうだ。

携帯電話、コンピューター、コピー機、デスクや椅子、筆記用具、マグカップ……。周辺にあるモノのそれぞれに休み時間はある。その時間を熟考することで、休み時間以外の状況が改めて見えてくる。

休み時間を有効に活用することで仕事が充実するのは、何も私たち人間に限った話ではないのである。

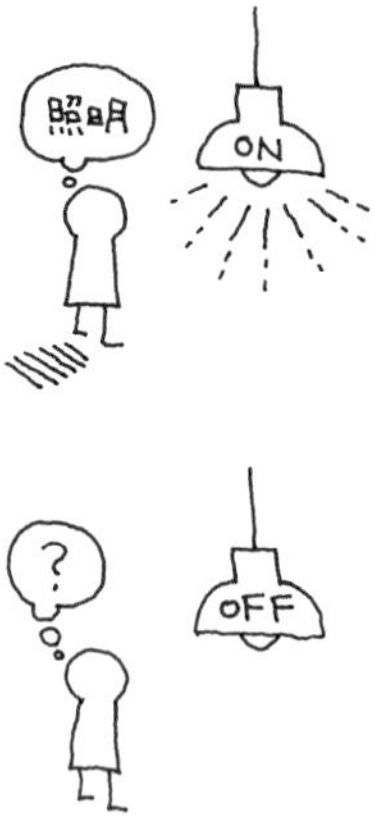

「他人丼」を見つける

9つめの思考法や手法を述べる前に、佐藤オオキとスポーツの話を少々……。

「スポーツとデザインには共通点が多いと思います」と佐藤。

「不可抗力や避けられない要素のなかで最大の力をどう発揮するのか。ミッションを達成するための戦術であったりコミュニケーションであったり、チームの潜在能力をすべて投入するということでは、どちらも同じだと思います。

アイデアを確実に出すための方法論はないと思いますが、メンテナンスやコンディショニングによって普段からアイデアを『出しやすい』状態にすることは十分に可能です。確実に得点を入れる方法はないけれど、その確率を少しでも増やすための努力を惜しまないスポーツ選手と、自分たちの活動はどこか似ています」。

佐藤をはじめnendoの主力メンバーである鬼木孝一郎（空間設計部門）や伊藤明裕（マネジメント）は高校時代に同じボート部に所属していた。そのためか、nendoの活動にはどこか体育会系的な

by | n「draftsman01-scale」。腕時計のダイヤル目盛りに、製図用のスケールを引用

写真：吉田 明広

伊勢丹「pyggy-bank」ブタの貯金箱の起源である「陶器製のビン」と「ブタの鼻」、「投入口」の3者を融合した

写真：林 雅之

空気が漂っている。ボート競技では波や風で状況が変わる。複数の選手がいかにして「動きを合わせられるか」によって船の速度が大幅に左右される。

いかなる状況下でも実力を発揮できるようにするには、チームワークを高め、トレーニングを重ねて力を蓄えるしかない。そのなかで妥協することなく120％の納得を追求し続けていることが、nendoの成功の秘訣であるようだ。

「あらゆるプロセスで手を抜かず、徹底してデザイン案を検討しています。そのためには、できるかぎり精巧な試作品を、常に高速で作り続けています」。

3Dプリンターを用いる模型作りも、実は大変な手間が必要とされる。nendoでは出力されたものに、下地材を吹き付けてから研磨する工程を2~3回繰り返し、さらに塗装と乾燥を行う作業を2~3回繰り返している。

「妥協は最大の不名誉、力をすべて出しきってゴールに到着できることが最大の名誉……こうしたボート部での経験が現在のnendoの企業文化としてあるかもしれません(笑)。クライアントから指示されてからではなく、気付いたことを全力で行う。この『全力』が大事なのです。なぜなら、自分たちで120％納得できないものは、クライアントを100％満足させることは絶対にできないからです。仮にプロジェクトが企業側の理由である日突然、中断されてしまうこともありますが、全力で取り組んでいたら悔いは残りません。次回に全力を出し切ればいいと考えます」。

スポーツとデザイン。スポーツとnendo。間にさまざまな共通項があった。

「他人丼」とは何か？

nendoのデザインにも、普段はつながっていないと思われるものを共通項によってつなげる手法がある。佐藤はそれを「他人丼」と呼ぶ。

鶏肉と卵で調理される親子丼とは異なり、鶏肉以外の肉が用いられるのが他人丼だが、nendoが考える他人丼とは、「縁もゆかりもない（と思われている）2者間を直に接続することで新しい価値を生み出す」もの。

「頭のなかでは全く別の『フォルダー』内に格納されていたデータ同士が突然、『リンクが張られた』状態になることで物事の見え方が一変するのです。このとき両者が離れていれば離れているほどインパクトは大きなものとなります。高低差による『落差』が生まれるからです。

例えば全く異なる接点によって知り合った友人2人が、実はお互いのことを知っていた、とわかったとときの驚きに近いかもしれません。あるいはテレビの『笑点』の大喜利のなぞかけのようなものです。『Aとかけて、Bと解く。その心はC』。このAとBが異なる2者、Cが共通項、となります」。

関係のないもの同士でもどこかが細い糸でつながっていたり、細部に何らかの関係があったりする。そうした共通因子をつないでいくことで、1＋1が3になるような、それまでになかった価値が生まれていくのではないだろうか、というのが佐藤の考えだ。

身近なプロダクトの好例として、彼は「パソコン用メガネ」を指摘する。

1% products「top-tea set」。フタ部分が独楽（こま）になった急須

写真：岩崎 寛

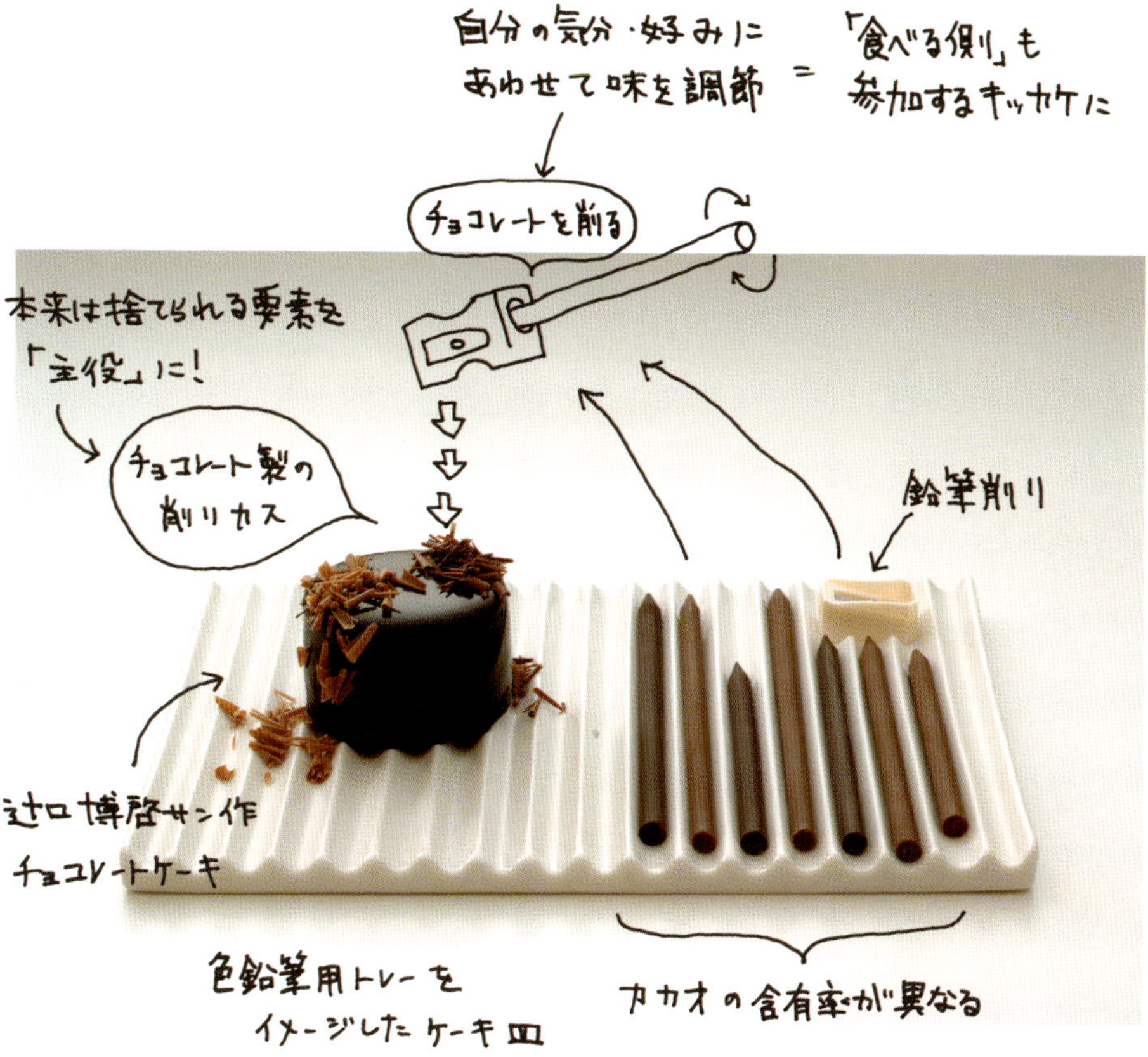

「chocolate-pencils」(パティシエ・辻口博啓氏とのコラボレーション)。「削る」ことでつながった

「先ほどのAがサングラス、Bがパソコンです。我々には『サングラスは屋外で使うためのもの』というイメージがあります。一方のパソコンは屋内で使用するもので、双方のイメージが離れていることから落差が生まれているのです。『屋外』と『屋内』以外にも、『動』と『静』、『アナログ』と『デジタル』といった差異もあると思います。

しかし『光』という共通因子に気付くことでこの両者がつながり、『あ、そうか、パソコンからも光が出ていて、それを防ぐというメリットがあるんだ！』という納得感が生まれ、『屋内で使うサングラス』という新しい切り口の商品となる。このようにモノの因数分解を行う習慣が日常的に身に付くと、さまざまなモノの本質が見えやすくなる気がしています」。

「一歩引く」手法は引き算だった。「集める」がかけ算で、「休み時間」を割り算とするならば、「他人丼を見つける」のには因数分解と足し算が用いられている。そして、遠いところにある（と思われていた）モノや相反するモノ、矛盾する要素も、親和性が見出されることによって、新たな味、新たな可能性に生まれ変わるのである。

細い糸を見付ける

携帯電話機のスタンドを提案してほしいというKDDIの依頼を受け、「充電中の電話機をそのままコンセントに乗せられないか」（佐藤）と発想したことから生まれたコンセントプレート「socket-deer（ソケット-ディア）」（2008年）がある。「コンセント」と「剥製の鹿の角」を結び付けた他人丼。双方の共通点である「壁に付いている」ことが、この他人丼に旨味をもたらす共通項だ。

他人を結び付けたほかのプロジェクトには、チョコと鉛筆もある。パティシエの辻口博啓氏とのコラボレーションとなった「chocolate-pencils」（2007年）で、佐藤はペン・トレー形の皿をデザイン、辻口氏はチョコレートケーキに加えてカカオの濃度が異なる「チョコレートの鉛筆」数本を作った。ケーキを味わうときには鉛筆削りで削ったチョコレートをトッピングする。通常なら脈絡のない鉛筆とケーキだが、ここには「削る」というつながりがある。普段は捨てられるはずの「鉛筆の削りカス」を主役に据えるという発想もこのケーキの醍醐味である。

「どんなケーキが好きかと聞かれ、まるで和菓子に黒蜜をかけるように気分に合わせてひと手間かけることでパーソナルな関係が生じるケーキ、と答えました。そのことから着想したものです。すべてがベストの状態であると人々が参加できる余地はなくなってしまいますが、身近な行為を促せたら、もっと楽しいだろうということも考えました。そういう意味では『ゆるめにつくる』技術とのハイブリッドなデザインと呼べるのかもしれません」。

認知心理学の話になってしまうが、米国の認知心理学者D・A・ノーマン氏が提唱するユーザーを適切な行動へ導く知覚可能なサイン「シグニファイア」について少しだけ触れておこう。シグニファイアとは、無意識に人を特定の行動へと導くサイン。これはデザイナーにとってメッセージを発信するための強力なツールとなりうる。これは受け手側の過去の経験や知識に依存する部分が大きく、つまり生活のなかで得てきたさまざまな情報が生かされることで、人々はこのメ

KDDI「socket-deer」。壁にかけることを共通項に「他人丼」を作った

写真：林 雅之

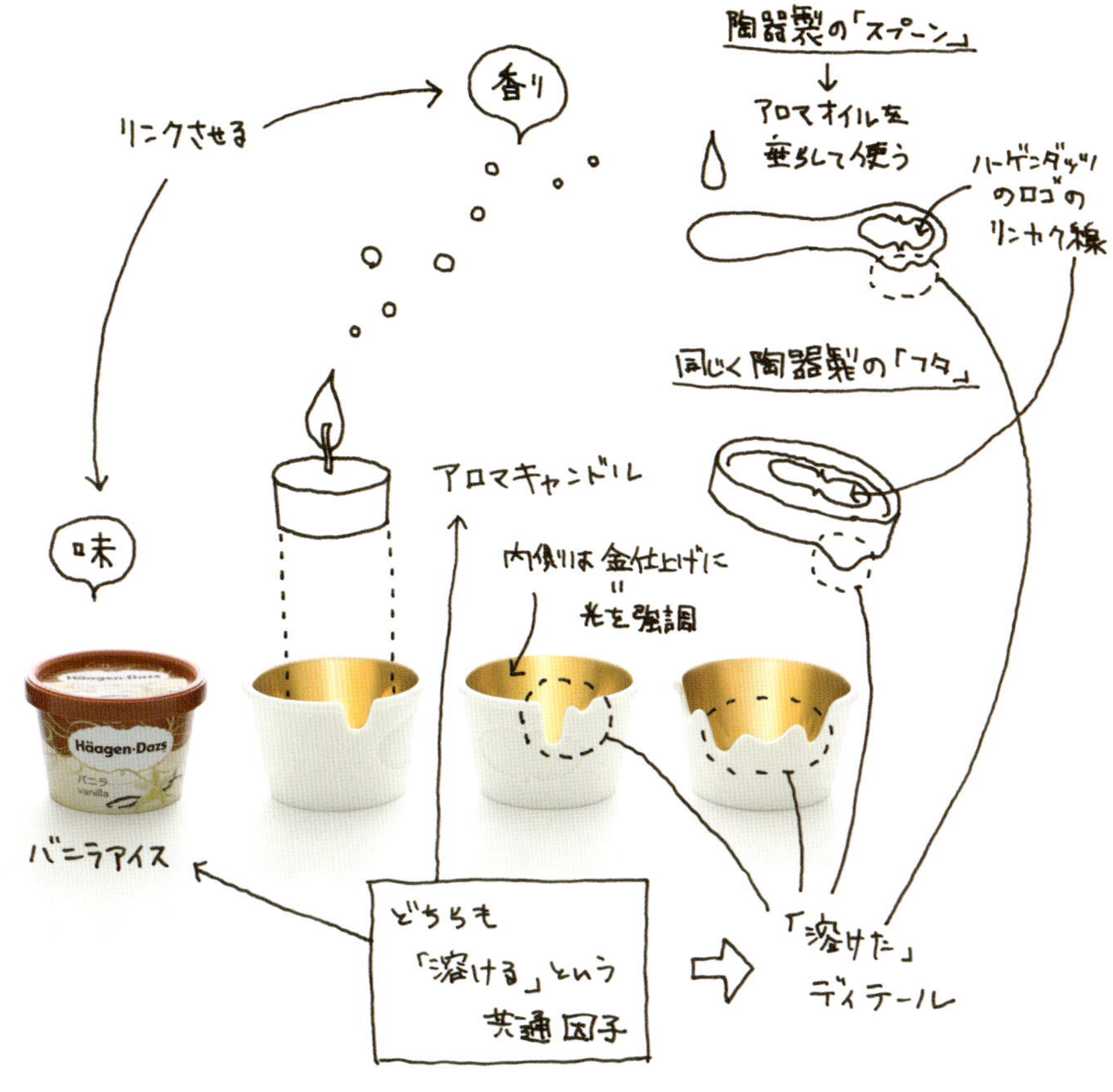

ハーゲンダッツ ジャパン「aroma cup」。アイスクリームとキャンドルを溶けることでつなげた

写真：ハーゲンダッツ ジャパン

ッセージを知覚することができるのだ。佐藤の他人丼には、まさにこのシグニフィアが生かされている。

アイス&アロマ、ポケット&パペット……

アイスクリームが溶ける様子とキャンドルが溶けていくことをつなげた「aroma cup（アロマ・カップ）」は、やや近い要素をつなげた他人丼だ。2012年、ハーゲンダッツのギフトとなったアロマキャンドルホルダーをデザインしたプロジェクトで、佐藤は「口の中でアイスが溶けると同時に香りが広がる感覚」と「キャンドルが溶けながら香りを発すること」をリンクさせたいと思ったと語る。

トートバッグ専門ブランドRootote（ルートート）のためにデザインした「roopuppet（ルーパペット）」（2012年）でも、他人丼が生かされた。このトートバッグの特徴は、一部にカンガルーのおなかのような「ルーポケット」がある点だ。ポケットを引っ張り出してバッグの中から手を入れることで、熊やカンガルー、人、恐竜のパペット（指人形）となる。ポケットとパペットが「どちらも手を入れて使う」こと、さらに「布製の袋」という共通因子でつながっている。

すでにほかの思考法で取り上げた事例のなかにも、他人丼の思考法が同時に生かされたものがある。例えば、スターバックス エスプレッソ ジャーニー（57ページ）は、本とコーヒーを結び付けた他人丼とも言える。

nendoのこれまでのデザインから、他人丼とも言えるものをさらにいくつか挙げてみよう。

積み木と花瓶（block-vase）
小鳥とシャンパングラス（kotoli）
コケと壁紙（コケの家）
妖怪とダルマ（妖怪だるま）
句読点とペーパーウェート（period. comma, “quote”）
本棚と住宅（絵本の家）
鍵と万年カレンダー（key-calendar）
フルーツとガムテープ（fruit-tape）

※写真は162〜163ページ

これらを結び付けるのは大胆にも思われるが、佐藤にとってはごく日常的な作業となっている。物事の間にさまざまに存在する境界線を丁寧に見つけ、それらをずらしたり、曖昧にすることで、1つのプロダクトとしてまとめ上げている。これらの作業もすべて、使う人の心に響いてこそ価値があるという佐藤の持論のうえで試みられている。

ところで他人丼には、佐藤が大の「デザインおたく」であることも生かされているようだ。製品として流通している品々はもちろんのこと、同業者であるデザイナーたちの活動も「いちファン」として目を向けている。デザインが大好きで、モノを見るのも大好き。何もないと思われる

コケで作った壁紙。「コケの家」（個人住宅）
写真：阿野 太一

妖怪をそのままダルマにした。
IDEA International「妖怪だるま」

積み木のような花瓶。
1% products「block-vase」
写真：岩崎 寛

小鳥のようなシャンパングラス。
Ruinart「kotoli」
写真：林 雅之

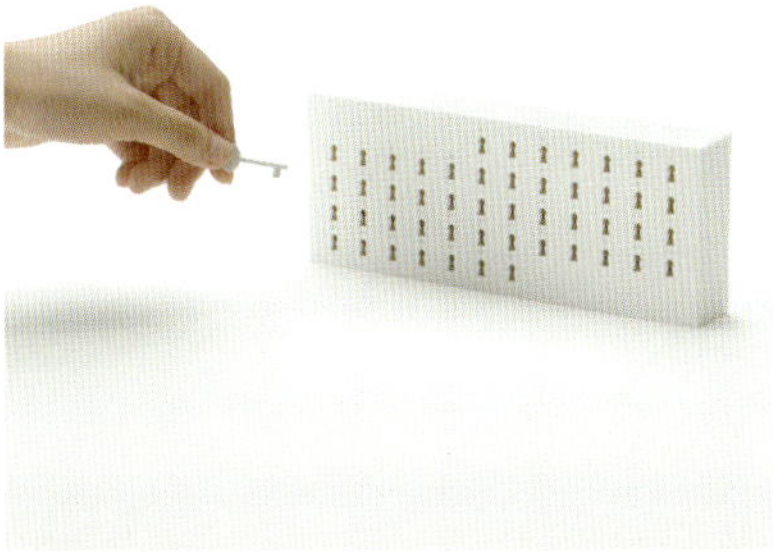

鍵をあけるようにして使う万年カレンダー。
IDEA International「key-calendar」
写真：岩崎 寛

フルーツの皮をむくようにはがすガムテープ。
New Design Paradise「fruit-tape」

句読点のカタチをしたペーパーウェート。
361° lemnos「period. comma, "quote"」
写真：林 雅之

本棚のような住宅。「絵本の家」
（個人住宅、JCDデザイン賞/優秀賞）
写真：阿野 太一

ところに何かを発見することも好き。好きだからごく自然に情報が集まり、いつの間にか他人丼としてのつながりを見付け、それが楽しみともなっている。

教育学の齋藤孝氏は、「自在に視点を移動できるようになれば、凝り固まったものの見方から解放される」と「視点移動力」の重要性に触れている（『齋藤孝の学び力』宝島社）。これはばらばらの数字から共通の傾向をあぶり出すように社会の動きを分析することであったり、ちりばめられた事実をつなぎ合わせるようにしてより広い世の中の状況をとらえるのに有効である。他人丼もまた視点移動力を活用することで、切っても切れなかった関係に気付くことから始まる。

社会のなかで人とモノ、人と人、ある状況とほかの状況といったさまざまな関係をより良い形でつなげる思考や行動がデザインだ。広く周囲に目を向けることは当然のことながら、本質を知ろうとする洞察力も欠かせない。これらの視点や思考はデザイナーだけのものではなく、日常生活やビジネスにおいても必要とされるものである。

他人丼という思考を持つことや、他人丼を見付けること。それは、見えていなかった周囲の動きや社会の情勢を新たにとらえていく感覚を鍛えることでもある。

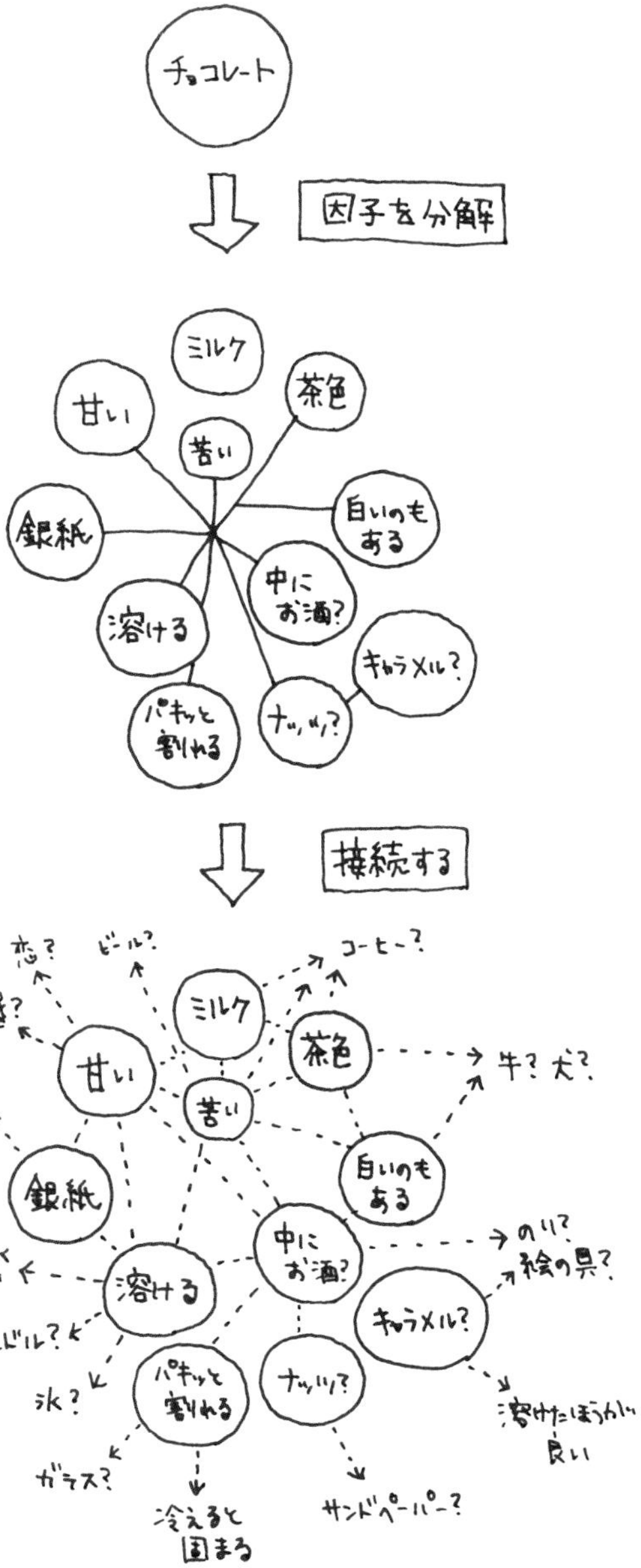
チョコレート
因子を分解
ミルク
甘い
茶色
苦い
白いのもある
銀紙
中にお酒?
溶ける
キャラメル?
パキッと割れる
ナッツ?
接続する
恋?
ビール?
コーヒー?
誘惑?
牛? 犬?
ギフト?
のり?
絵の具?
溶けたくない
キャンドル?
氷?
ガラス?
冷えると固まる
サンドペーパー?
溶けたほうが良い

Rootote「roopuppet」。ポケットとパペットをつなげて発想

写真：岩崎 寛

「karaoke-tub」。バスルームのなかで歌う気持ち良さを生かしたカラオケルーム

写真：阿野 太一

そこにあるものを「使いまわす」

制約があるからこそ発想が飛躍することがある。制約を変えられない枠や壁として嘆くのではなく、可能性を生む歓迎すべきバネと考えた結果、佐藤が切り札とする手法がある。

既存のデザインに新たな発想を加える「転用」あるいは「リデザイン」の手法はデザインの歴史のなかでさまざまに行われてきたが、nendoの表現は少々ドキッとさせられるものだ。

「使いまわす」。誤解を避けるために断っておくと、身近なものを極限まで使い込むということではもちろんない。作る側が楽をするための秘策でもない。適した要素を適した形で、無理なく活用する。「すでに存在するものをあてはめ、解決する」手法だ。

「最先端の技術は使えないが、いまある技術を生かして製品開発をしたい。予算や時間の都合でゼロからの開発はできないが、新しい動きを生み出したい、といった依頼が増えています。冷蔵庫にあった食材で今日の1品を調理するような感じ、あるいは既存の配合に改善を加えたジェネリック医薬品のようなものかもしれませんが、デザインのブラッシュアップの範囲を越え、仕様自体から変える試みとなることが大半です。それほど楽な方法ではありません」。

身近な工業製品から伝統の技まで

金沢21世紀美術館での金沢・世界工芸トリエンナーレのプレイベント（2009年）と展覧会（2010年）で用いたのは、農業用ビニールハウスや市販の観葉植物用温室キット。後者には棚も保護用ガラスも電源コンセントもあらかじめセットされていた。専門家でなくとも組み立てや解体作業を実行できる点は、限られた予算やスケジュールにおいて大きなメリットとなる。

現在、そごう・西武と行うプロジェクトに「by｜n（バイエヌ）」（2013年）がある。nendoのデザインによる日用品の開発で、そのなかでも各地の職人たちとのコラボレーションが「by｜n meister（バイエヌ マイスター）」として進行中だ。受け継がれてきた技術を「徹底してポジティブに活用していく」取り組みで、金属加工で知られる新潟県燕市で食器製造に携わる小林工業、木桶の中川木工芸比良工房（滋賀県）、西陣織の細尾（京都府）、金網の金網つじ（京都府）、山中塗の大島東太郎商店（石川県）、因州和紙の谷口・青谷和紙（鳥取県）、有田焼の源右衛門窯（佐賀県）の7社とのコラボレーションとなっている。

「nendoのデザインは一貫していて、商品同士がハレーションを起こさない。彼らがデザインした品々で1つの店舗ができるのではないかと思い、これまで行ったことのない企画を立てた」とそごう・西武の松本隆・社長はプロジェクトについて述べる。

HAN Gallery「bamboo-steel table」。台湾の伝統的な竹細工の工法をスチール家具に転用

写真：林 雅之

金沢・世界工芸トリエンナーレのプレイベント。温室キットを展示用ショーケースに転用した

写真：阿野 太一

中川木工芸比良工房の中川周士氏は語る。「最初に桶の説明をしたとき、佐藤さんは子供のように目を輝かせながら聞いてくれました。桶の構造を理解してくれたうえで試みる3次曲面とも言える新しい可能性も提案してくれました。図面に多数のメッセージが込められていました。それを受けて提案をさせてもらうという、楽しいコミュニケーションが生まれました」。

「織り機作りに始まる西陣織では機械は手の延長であり、柄の設計がなにより命。そのことを理解された佐藤さんからの提案は、我々には考えもつかない変化球でした」と細尾の細尾真孝氏。金網つじの辻徹氏は次のように言う。「きっちりした図面と模型を用意してくれたうえで、『最終的に手で編まれること、そこに生まれる形を重視しています』と、はっきりと考えを伝えてくれることが気持ちいい。こちらも筋を一本通してやらなくてはと思わせられます」。

「自分たちで何とかしようとがんばる同世代の職人がいます。nendoのデザイン手法を生かせればと感じています」と佐藤は語る。

趣旨を深く理解しての本歌取り

歴史ある技術を生かした取り組みとして、大塚家具のプロジェクトも取り上げておこう。

100年の歴史を誇る曲木家具の老舗、秋田木工で作られている家具を基にしたリデザイン。伝統の形の良いところを残しつつ、不要な部材を取り除き、趣ある茶色の塗装に換えて、白木にパステルカラーが施されている。基本は同じだが、全く新しい空気に包まれている。そもそもの始まりは、大塚家具の新業態店舗として、取り扱い製品を新たに編集することで、店内に北欧テーストのセレクトショップ「EDITION BLUE（エディションブルー）」を作る企画だった。

「家具そのものの開発は当初からの計画にはありませんでした。秋田木工と仕事をしませんか、と申し上げただけです」と大塚家具の大塚久美子・社長。佐藤からの提案が2012年12月、その後4カ月間で9アイテムを完成。スピード感を伴う開発はここでも例外ではなかった。

「発想を具体化していくうえで制約がないものはありません。時間や費用を際限なくかけることで実現性が薄くなっていくということを佐藤さんは認識しているのでしょう。スピードを重視するからこそ彼らの仕事は世に出ていきます。デザインとはその時代の人々に理解されてこそ意味を持つ。ビジネスを行う私たちと共通するところです」。大塚社長は言う。

「秋田木工のアーカイブをリデザインした提案を目にしたときには、和歌の『本歌取り』の手法だと思いました。本歌を深く理解しないとできないことです。簡単なようで簡単ではありません。佐藤さんのデザインは、これまでと似ているのに全く違い、新鮮でありながらまぎれもなく秋田木工の製品となっている。しかもそのことが短期間に実現できたことで、現場の職人たちの士気も上がり、皆がポジティブになれました」。椅子の部材を上下逆にし、伝統の形を生かしながら新鮮な姿として生まれ変わったもの、ちょっと工夫を凝らすことでスタッキング（積み重ね）できるように改良したものもある。「コロンブスの卵でした」と大塚社長。「美術の世界ではデッサンが狂っていないか、描いたものを逆さにしたり裏から見たりするそうですが、私たちは普段そうしたことを意識して生活はしていません」。なにかを「使いまわす」ことは、新たな視点を提供す

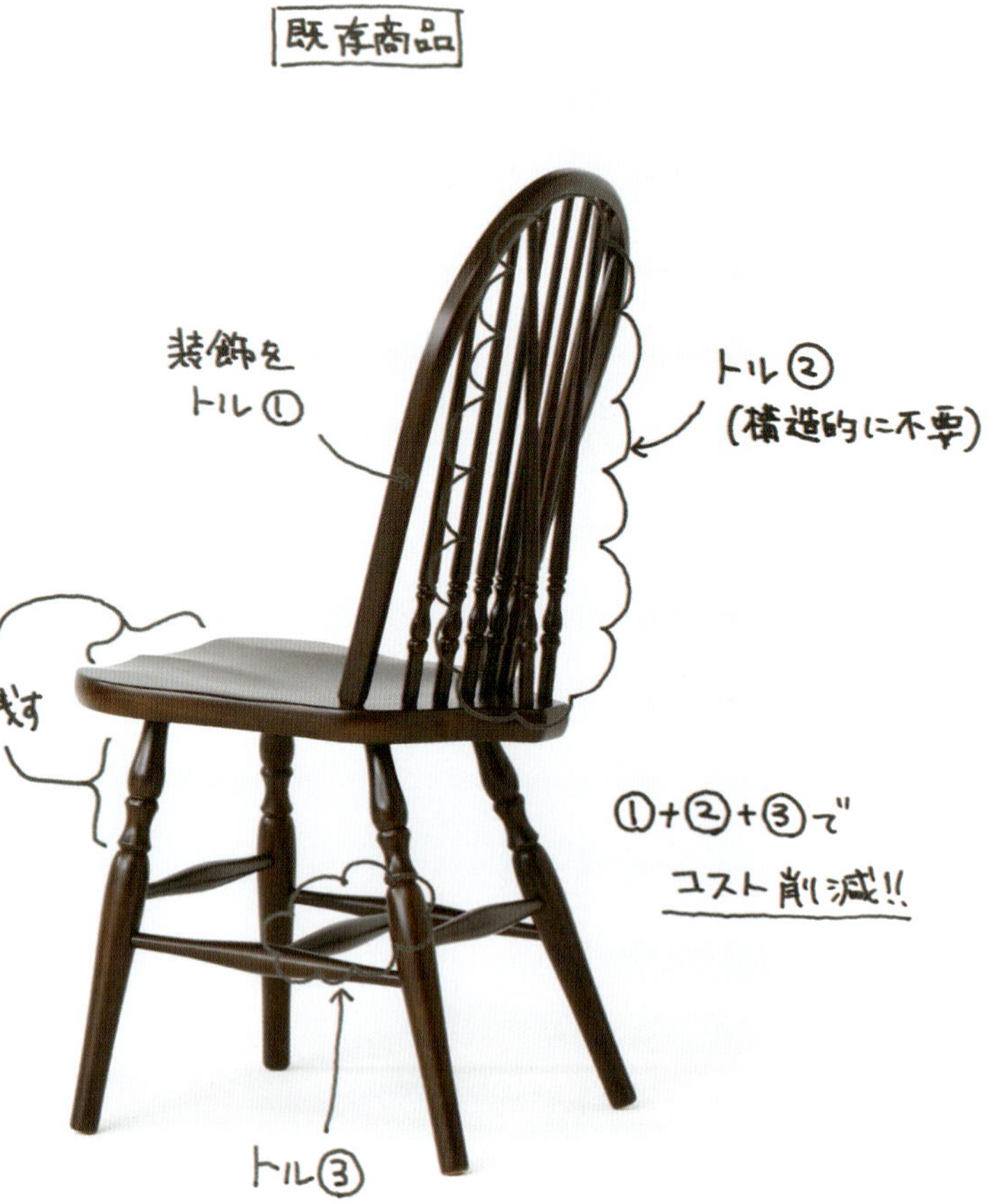

秋田木工「No.500」

写真:吉田 明広

「AKIMOKU for Edition Blue No.500EB」

写真：吉田 明広

ることなのである。

海外老舗企業も歓迎した発想の転換

「スポーツやゲームを例にしてプロジェクトについて考えることがあります。ルールのなかで技を磨く努力を皆がするわけですが、プレーの改善ではなく、ルールそのものが変わるとしたら何が起こるのだろうか？ということです。たとえば手を使ってはいけないサッカーで、選手1人が1回だけ手を使っていいとなったら、チームの戦略がすべて変わります。

本質を変えず、一層伝わりやすくするためにルールを変えることで、進化をもたらすこともできる。本質を考えながら周囲をどう崩せるのか、崩した後にどう再構築できるのかと、いつも考えています。というのも、今まで守るべきものと信じて固執してきたことが、実は守らなくていいものだったりすることが結構あるからです。守ってきたもの、変わらないルールだと信じていたものを見直すことで、新たなプレースタイルや技術が生まれることに期待しています」。

「変える部分」と「変えない部分」を嗅ぎ分けるように実現されたプロジェクトに、Baccarat（バカラ）の「Harcourt ice（アルクール アイス）」がある。２０１２年に伊勢丹の企画から始まったもので、当初の依頼は「サンドブラスト加工で、アルクールに柄を施してほしい」というものだった。

「その後フランスで製造プロセスを見せてもらった際に『酸洗い』の工程を知り、それを生かすことにしました。酸洗いとは、クリスタルの表面を酸で微妙に溶かすことで滑らかに仕上げる技術です。溶かしすぎないよう配慮がなされるのが通常ですが、私たちが提案したのは、酸に浸す時間を延ばすことです。通常の逆で、バカラのアイコンであるエッジを溶かして丸めてしまう。とがったエッジによる『反射』は減りますが、『透明感』という魅力を引き出せました。

バカラのグラスを使うバーでは、40年、50年と使い込むうちにエッジが丸まっていくらしく、その表情に近いそうです。新たな製品を一から作ることも大事なことですが、既存製品にかつてない視点や機能をもたらすことで、企業の文化的な財産や遺産を次代に生かしていけます」。

当たり前のプロセスを当たり前とせず、「通常の逆」を老舗の企業が歓迎している状況からもうかがえるように、思考のブレークスルーが求められる時代なのである。

デザインとは、人々の存在を忘れることなく、社会に働きかける行為であり、計画を立てることや工夫を凝らすことで、モノや空間、あるいはそれらを用いる私たちの生活自体に新たな意味を生み出す活動である。これまではつながらないと思われていた考え方や領域を結び付けることも、いまデザインがなすべき重要な役割と言えるだろう。

さらには複雑な要素を体系的に考える力や、問題を感じ取り解決していく行動など、領域に広がりをもたらす視点が求められる。だからこそ、佐藤の思考と手法が国内外の企業に支持されているのだ。既存の思考の枠組みを一度崩し、視点を少しずらし、転換するきっかけをもたらしながら、具体的な解決に向かう力強さがそこにはある。

これらの思考法を活用できる領域は、何もデザインの世界に限ったことではない。

オリジナルのHARCOURT

(キラキラ感)

Baccarat「Harcourt」

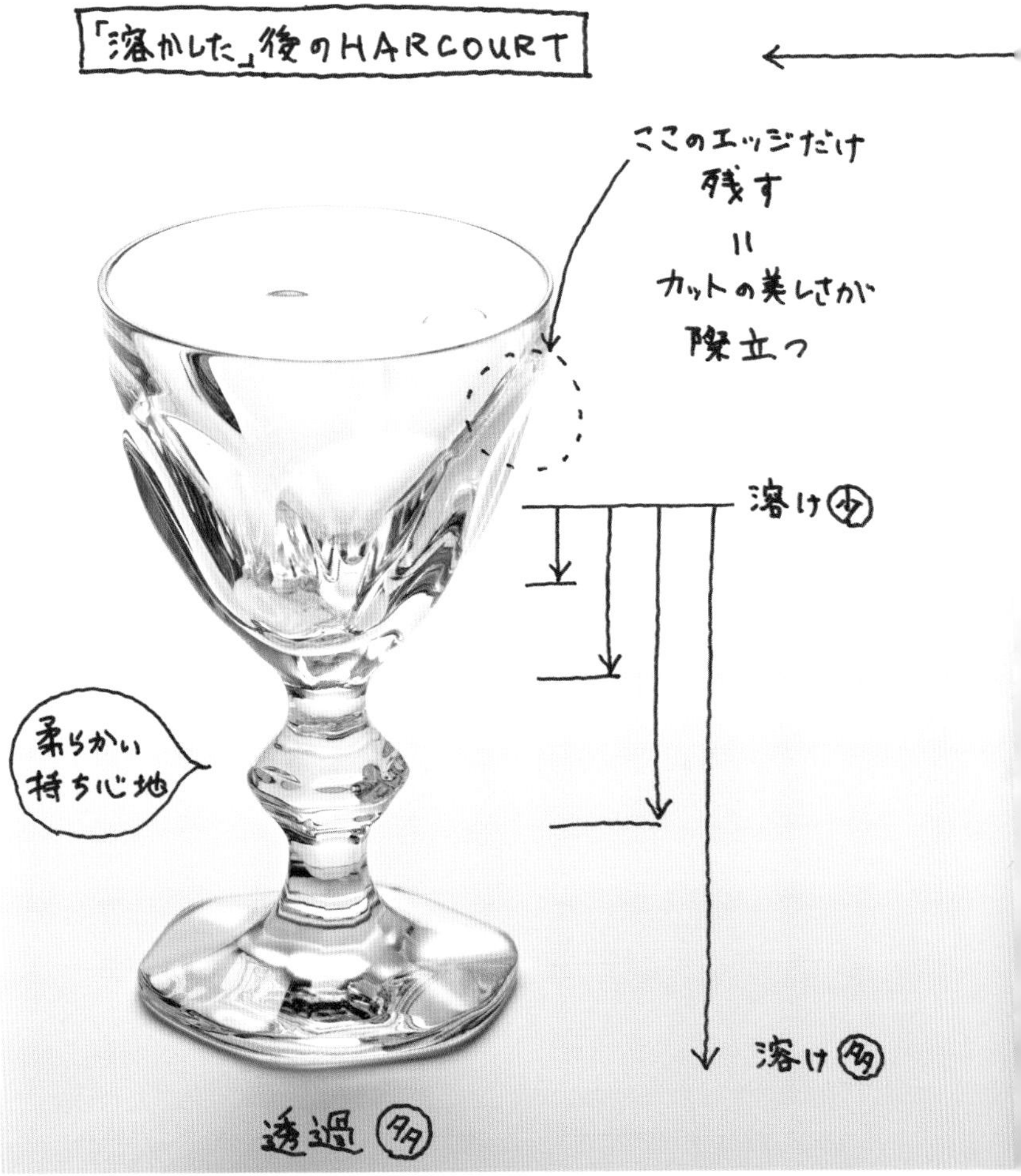

Baccarat「Harcourt ice」

10の思考法はどれも、社会を生きるすべての人が活用できる、デザイン思考なのである。

大塚 久美子氏（大塚家具 代表取締役社長）

佐藤オオキさんが率いるnendoは、アイデアの鮮度が高いうちに形にしていきます。具体的な形にしていくのにじっくりと手間をかけたり、取捨選択に時間がかかったりする人が多いなか、時間をかけずに進めていくのがnendoだと思います。発想を寝かせれば寝かせるほど、考えが保守化していくのかもしれません。現代は考えを寝かせているうちに世の中の方が変化してしまう時代ですし、スピード感を伴いながら実行していくという姿勢はビジネスを行う立場からも見習わなければならないと思います。

２０１３年4月に発表した弊社とのプロジェクトも、２０１２年10月末にお会いしたところから始まりました。弊社の店舗の考え方やブランディングについて説明をさせてもらったところ、すぐに提案をしてくれました。大塚家具の特色は、多数の家具を幅広く扱っていることにあります。最も広いショールームは2万平方メートル以上で、一般的なインテリアショップ１００店舗分の広さにもなります。新業態を探るために佐藤さんと話を重ねるなかで、商品を陳列するだけの「カタログ型」ではなく、ライフスタイルを提案する「雑誌型」の考えに基づく家具や照明、雑貨のセレクトショップ、「エディションブルー」の案を進めました。

エディションブルーは、大塚家具が取り扱う世界から厳選された約5万6000点の家具、インテリアプロダクトのなかから特定のコンセプトを基にセレクトして再編集し、新たなブランドへと作り上げていくプロジェクトです。現在求められるニーズに合うライフスタイルの提案を可能にして、誰もがもっと身近にインテリアに親しめるショップの構築を考えたとき、まずは日本人の感性や価値観に合う北欧をベースにすることが考えられました。

しかし単に北欧スタイルのセレクトショップでは、既存の枠組みのショップと変わりません。エディションブルーは、ナチュラル、カジュアルといった親しみやすさのなかにも上質感を兼ね備えた北欧のエッセンスを軸としながらも、同じ感性や価値観を持つイタリアモダンやビンテージなどをブレンドし、もっと自由にセレクトできる、高度に編集された新形態のセレクトショップです。さらに、それを分かりやすく伝えるために「洋服を選ぶようにインテリアを選ぶ」「家具を少しずつ育てる」というコンセプトを佐藤さんは取り入れています。今あるものからちょっと枠組みを変えて新しい息吹を吹き込んであげる。そして誰もが分かりやすい表現で伝える。いかにもnendoらしい試みだと思います。

これはつまり、従来とは違う枠組みを思考するプロジェクトでした。既存の枠組みから逸脱するのではなく、新たな枠組みを築いていく試みです。新たな枠組みのなかで、既存の商品は新たな意味を与えられ、生まれ変わります。既存の枠組みのなかでバリエーションを増やすことはさほど難しいことではないかもしれませんが、少し異なる枠組み、新たな秩序をすぐに作れる人は少ないのではないかと思います。佐藤さんが他のデザイナーと大きく違うのは、そのあり方では

「AKIMOKU for Edition Blue」。上のテーブルと下のスツールは、どちらも同じスツールを「リデザイン」したもの。上は脚を天地逆さまにしてテーブルの脚にした。下は互いにスタッキングできるように改良した

写真：吉田 明広

大塚家具「Edition Blue」の店内の様子。「洋服を選ぶようにインテリアを選ぶ」「家具を少しずつ育てる」がコンセプト

写真：吉村 昌也

ないでしょうか。本人は「〇〇デザイナー」の「〇〇」がないのだと言っていましたが、新たな枠組みを作る専門家です。そのために既存の枠組みを迅速に理解し、把握する力にも秀でています。

これまでデザイナーとの仕事で難しさを実感していたのは、「言葉」が違うことや自分の枠組みの内で動いている人が多いと感じたからでした。しかし佐藤さんはバイリンガル、トリリンガルで、ビジネスの言葉も理解し、私たち特有の言葉も理解してくれます。職人とのコミュニケーション力も優れています。今回、自作家具に愛着を持つ職人の集団に提案がすんなり受け入れられたのは、デザインの魅力はもちろん、職人たちが「肝心なところを理解してくれている」と感じたからだと思います。デザイン案の模型もプロジェクトを後押しする大きな力となりました。

魅力あるデザインであることはもちろん、実現していく力がなければ結果を出すことはできません。人を幸せにできるのがデザインの存在意義であり、この家具を使えてうれしい、幸せだと言ってくれる方々が生まれることが我々の価値となります。そのことを具体的な目的として追求できるのがnendoとの仕事の醍醐味であり、うれしさでもあります。（談）

松本 隆氏（そごう・西武 代表取締役社長）

佐藤オオキさんに初めて会ったのは2012年のミラノサローネで、『エル・デコ』誌が優れたデザイナーを選出する受賞式でした。深澤直人さんや吉岡徳仁さんに並んで日本を代表するデザイナーとして紹介される公の場で堂々と英語で挨拶し、ウィットに富む表現で会場を沸かせてもいました。日本のデザイナーにもこうした若手が誕生したのだと、驚きと感動を覚えたほどです。

佐藤さんやnendoのすばらしさは「フロー」であること。優秀な人物にはストック型とフロー型の2種類があると思います。ストック型の人物は頭のなかに次々と蓄積していき、聞かれれば、整理していたものから的確に迅速な提示を行います。フロー型とは、止まらず活動を続けている人物です。静止しない活動のなかでさまざまなものが抜け落ちることもあるのかもしれませんが、それでもさらに次を発想してく勢いがある。毎日がアイドリング状態で、エンジンが常に高速回転していて、それが最大の原動力となるのです。

こうした活動を続けていると、普通であれば一貫性を失いがちでまとまらないと思うのですが、作っているものに一貫性があるのがnendoの不思議な面でもあり、実力そして魅力でしょう。プロジェクトには各々異なる側面から入っているのかもしれませんが、どれもシンプルでインパクトがあります。色数も絞られており、引き算もされているので商品同士がハレーションを起こさない。nendoデザインで1つの店舗を作れるのではと考え、「バイエヌ」を企画しました。

我々百貨店の特色は幅広い領域を扱っていることです。より良い生活の品々を扱うことにかかわるということは、弊社とnendoの接点であり共通点だと感じていました。彼らがデザインする幅広い分野の品々をライフスタイル全般としてまとめられるのではないかと考えたのです。

1つのデザインオフィスがデザインした幅広い品々のショップを店内に設けることはかつてない試みですが、伝統工芸の職人や工房と開発をする「バイエヌ マイスター」のほか、「バイエヌ」

by|n meisterより。中川木工芸比良工房「oke cup」「oke carafe」。木桶作りの伝統工法を生かしながら、タガ1本で成立する構造を考案

写真：吉田 明広

by|n meisterより。源右衛門窯「karakusa-play collection」。「墨はじき」と呼ばれる墨によるマスキング手法を初めて採用したことで、かつてないほど細かい描画表現でありながら手頃な販売価格が可能に

写真：吉田 明広

そのものではファッション雑貨的なものも計画しており、食品の予定もあります。

佐藤さんと実際に仕事をしてみると、手間を省かない仕事ぶりで、信頼できると思いました。有田焼の皿から店舗の内装設計まで、打ち合わせには必ず3Dプリンターの模型を持参してきます。大変な作業量を日々こなしているのでしょうが、こうした几帳面なところが他社からも評価されて仕事が増えているのだと実感しました。フロー型で几帳面という個性を生かしながら、従来の日本人デザイナーのスケールを超えた立ち位置を確立していくのではないかと思います。

また、彼らがここまで成長し、活躍しているのは、さまざまなオファーをすべて受け、相当な数をこなしているからではないでしょうか。ポジティブに量を重ねていくこと、これも大切な点です。海外のデザイン界ではメーカーも積極的で、貪欲といってよいほどの姿勢で取り組んでいます。日本における開発の現場は積み上げ型であったり、どこか排他的ともいえる部分が残っているのに対して、新たなものに取り組もうという強い意識が企業側にも強い海外では、若手デザイナーの起用にも積極的です。そのチャンスに尻込みしてしまう日本人デザイナーが多く、世界規模でなかなか活躍できていないのが現状のようですが、佐藤さんは臆することなく世界のフィールドに足を踏み入れている。見方によっては向こう見ずと思われるかもしれませんが、そこがいいんです。結果として多くの仕事の連続となり、経験とともに成長を遂げている。増殖し続ける脳のような動きがまさにnendoらしさではないでしょうか。（談）

（思考法の章は文／川上典李子）

第2章

nendoの行動術

「がんばる」ほど「貧しく」なる？

デザイン事務所の経営には常に大きなジレンマが付きまといます。それは「デザインをがんばればがんばるほどお金にならない」という事実です。一般的に、デザイン事務所がモノ作りの品質を重視しすぎると効率が悪くなり、収益率は悪化します。つまり、新しいことにチャレンジし、手間とコストをかければかけるほど、デザインフィーの割が合わなくなるのです。

逆にデザイナーの人数を増やし、アイデアやオリジナル性があまり介在しない「流れデザイン作業」（という言葉が適切かどうか分かりませんが）を多くこなすことで、売り上げを簡単に伸ばすことができます。クライアントの要望に応じて、膨大なバリエーションを展開する技術さえあればよく、場合によっては「捨て案」と呼ばれる悲しいデザインも手がけます。こうした技術は、デザイン系の学校を出ている者であれば簡単に身に付けることができるスキルです。つまり、人材の育成も簡単なのです。結果的に、広告のグラフィックデザインなど、流れデザイン作業が多い分野ほどプレーヤー数が多く、経済的に潤っている事務所が多いようです。

グラフィックに関しては、単純に業務内容による経済効率だけではなく、クライアント企業の「お財布」がプロダクトやインテリアとは根本的に違うという事情があります。プロダクトデザインであれば商品開発費という予算から捻出されますし、インテリアデザインは店舗開発費の一部という扱いをされることが多く、商品の売り上げでこれらのコストを償却しなくてはなりません。なので、「内装費はデザインフィー込みで○○万円」みたいな話が少なくありません。経理上、デザインフィーは壁紙と同等の扱いなのです。

デザイナーへのフィーがそのまま商品や店舗のコストに乗っかってくると、売り上げ目標がそのぶん高く設定されるために全体計画の足枷になります。そうなるといった、「じゃあ、このデザインは売り上げにどのくらい貢献できるの?」と、短期的な成果がデザイナーに求められるため、デザインの選択肢が一気に狭められ、非常に窮屈な条件下で結果を出さなくてはいけません。

個人住宅の設計ともなると、当然のことながらそれ自体が利益を生み出す手段がないので、さらにお財布の紐は堅くなります。2、3年かけて設計と現場管理をして、さらに竣工後何年にもわたってメンテナンスやフォローも行う、という手間暇のかかる業務ですが、微々たる額しか請求できません。

住宅設計は常にコストとの闘いです。ローコスト住宅になればなるほど、コストを抑えるための工夫や労力が必要となり、その難易度は高くなります。ところが、住宅設計のデザインフィーは通常、総工費の5~10%程度が相場とされているのです。つまり、頑張って効率の良いディテールを考えたり、メーカー各社と掛け合って工事費を減らした分だけ、自分へのフィーも減っていきます。

一方、グラフィックデザインの場合、広告宣伝費からデザインフィーが捻出されるのが通常なので、費用対効果を評価されますが、デザインにかかった費用を短期的に回収することを求められません。さらに、広告宣伝費についてはお財布の紐が比較的に緩めである、という企業の気質も影響しているかもしれません。

じゃあ、デザイナーは皆グラフィックデザインをやればいいじゃないか、という話になりそうですが、実はそのとおりで、美大・芸大出身者の多くが広告業界に就職しています。そして、デザイン分野間のデザインフィー格差が人材の格差を生み出しているのです。

世の中を見渡すと、お金がたくさん流れる業種にこそ、優秀な人材も流れ込みます。結果的に、日本のプロダクト、家具、建築の業界から優れた人材が減っていくのは当然です。一方、グラフィックデザインにも問題がないわけではなく、もの凄い勢いで日々消費されていくデザインを生産し続けることによって、「何も残らない」という精神的な疲弊が待っています。流れ作業的なデザインを連日こなし続けることによって、新しいアイデアを生み出す能力がどんどん低下していきます。

学生時代には面白いアイデアが泉のごとく湧き上がっていた人が、広告業界という大きな枠組みの歯車に成り果ててしまうと、新しいアイデアを生む力がやせ細ります。その結果、人材が枯渇している分野と、有望な人材がどんどん消耗されている分野に2分されているのです。この流れが加速すると、日本のクリエーティブ産業の競争力が低下するのは明らかです。これは10年、20年経ってからジタバタしても簡単に取り戻すことができない、大きな問題なのです。

少し脱線しましたが、事務所の経営に話を戻します。流れデザイン作業とクライアントのお財布事情の影響について簡単に書きましたが、もう1つの視点として、「オペレーション作業」の多寡によってもデザイン事務所の経営は違ってきます。インハウスデザイナー時代の人脈を生かし、CAD図面の制作など、オペレーター的な下請け業務を請け負うことで事務所の売り上げのベースを確保している事務所は少なくありません。

建築やインテリアだと内観パースなどのビジュアルを制作する「パース描き」や、作図業務を行う「ドラフトマン」と呼ばれる職種があります。大手の設計事務所ではパートタイマーや契約社員がこういった業務を行っているケースが多いようですが、作業量が急に増えた際のアウトソーシング先として、小規模なデザイン事務所が活用されることになり、ある意味、需給バランスが成立しています。

むしろ、このような需要と供給の関係が成り立ってしまっているがゆえに、オペレーション作業に特化したデザイン事務所がある日突然、「デザインの質を重視した業務方針に転換したい」と考えても、体質を急激に変えるのは容易なことではありません。つまり、流れデザイン作業やオペレーション作業は、足を一度踏み入れると決して後戻りをすることのできない「底なし沼」なのです。

デザイン事務所を差別化する最大の要素は「アイデア」です。「この事務所にしか出せないアイデア」があるからこそ、地球の反対側にいるクライアントが、1年待ちであったとしても依頼をしてくるのです。ところが困ったことに、アイデア性を売りにするデザイナーほど、「デザインフィー欠乏症」に罹っています。ミラノサローネ（伊ミラノで毎年開催される世界最大規模の国際家具見本市。主要メーカーはここで起用したデザイナーの新作を発表する）はデザイン界最高峰の「聖地」であると同時に、経済的には「デザインフィー欠乏症病棟」みたいなものです。

世界のトップメーカーから家具を発表することは、熾烈な競争を勝ち抜いたごくわずかなデザイナーにしか許されないことです。ところが、こういったメーカーと仕事をすればするほど収入は先細るのです。例えば上代価格が5万円のイスをイタリアのメーカーのためにデザインしたとします。プレゼンのために模型やCG、図面、場合によっては素材サンプルを提供し、原寸の試作品を製作することもあります。プレゼンの際には、これらをできるだけ手荷物で持っていきますが、大き過ぎるものはFEDEXなどでプレゼン当日までに到着するよう発送することもあります。今でこそこういった経費をメーカーに負担してもらえますが、最初の頃はすべて自腹です。デザインを提案してから、試作期間が1～2年に及びます。この間、平均して7～8回は渡伊しなければなりません。そして、ようやくミラノサローネで発表されるわけですが、評判が悪いとそのまま商品化されずにお蔵入りします。こうなると赤字決定です。

仮にこのフェーズを通過して商品化された場合、ここからまたさらに1～2年かけて商品開発が行われます。そして、発売開始から半年が経ってようやく最初のロイヤルティーが振り込まれるのです。イタリアメーカーは伝統的にロイヤルティーがおよそ下代価格の3％に設定されているので、1脚売れておよそ５００円です。1年間に１０００脚売れたら一応ヒット商品という扱いをされるニッチな市場です。アイデアを考えてから実に4年半が経ち、仮にヒットしたとして50万円が入金されるわけです。渡航費・滞在費を考えると全額回収するまでにもう数年かかることは間違いありません。

どう考えても、このシステム上ではデザイン事務所を運営することなどできません。なので、トップデザイナーはミラノサローネをＰＲの場と割り切って、そこで得られるメディア露出を活用し、新規のクライアントを世界中から獲得することでミラノサローネへの投資分の回収とさらなる利益を目指す、という2段構えの考え方なのです。

デザインの品質を重視するのか、底なし沼に足を踏み入れるのか。どちらも地獄への一本道になりかねません。あくまでアイデアで勝負をすることでほかのデザイン事務所と差別化を図りながら、なんとか経済的に安定させ、優秀な人材の確保と育成を実現する方法はないのだろうか？

こんな考え方から生まれたのがnendoなのです。

つまり、冒頭のジレンマと真っ向勝負をしよう、ということです。まだ試行錯誤の最中ですが、nendoは単なるデザインオフィスの名称というだけではなく、品質の高いデザインを安定的に供給することを目的にした、１つの考え方、あるいは「プラットホーム」のような場所を目指しているのです。プラットホームである以上、ほかのどんなデザイン事務所にも応用できる仕組みじゃないといけません。その具体的なカスタマイズ法や移植方法を導き出すには、もう数年間活動する必要があると感じています。まだまだ先は長いようです…。

そもそもこのような考えに至ったのは、自分が過去にデザイン事務所に勤めた経験がないということが大きいように思います。大学院を卒業して、デザイン事務所のフレームワークをゼロから考えなければならなかったため、どんな些細なことも１つひとつ丁寧に考えざるを得ない状況に立たされてきました。

ひょっとしたら、19歳のときに設立した貿易会社や、その後に行った人材派遣会社の経営といった、デザインとは無関係の経験がデザインオフィスをデザインするうえで役立ってくれたのかもしれませんが、文字どおり手探り状態でした。

1本の鉄パイプを曲げてもらうにも、誰にどう依頼すればいいのか、いくら支払えば適正なのか分からないわけです。電話帳を手に片端から電話をかけて、翌日に工場を見学させてもらい、いろいろ失敗したり怒られたりしながら学んできました。そんな具合なので、何も分からないぶん、何でもできるような自由を常に感じてきました。それは今でも自分の中で息づいているのかもしれません。

もう1つは自分に「圧倒的なデザインの才能」がなかったことも影響していると思います。これは謙遜などではなく、学生時代も自分は決して突出した才能を持っているわけではありませんでした。ところが、そんな自分が気付いたことが1つありました。それは、アイデアがデザイン事務所の全業務のうち1〜2割程度のボリュームしか占めていないことです。先ほども述べたように、アイデアは最大の差別化要素でありながら、その出番は恐ろしく少ないのです。

また、まわりを見渡すと、アイデアの半分も実現できずに終わってしまうプロジェクトがあまりにも多いのも事実です。なぜだろう。そんなことを考えるうちに、残りの8〜9割の業務を見直し、次の3ステップを確実に行わなければアイデアをフル活用することができないことに気付いたのです。

1 アイデアを実現するための環境や状況を「耕す」業務
2 アイデアをクライアントとともに「育てる」業務
3 アイデアを実現するために「収穫する」業務

この考え方において、アイデアは最も重要な「種」であると同時に、しょせん種でしかありません。この「耕す」「育てる」「収穫する」を安定して行うことさえできれば、逆の言い方をすると、種がずば抜けて優れたものでなくても、プロジェクトを成功へと導くことができるのです。

100点のアイデアを40パーセントでアウトプットしてしまう事務所（しかも毎回100点のアイデアを出せるわけではない）と、安定して70点のアイデアを100パーセントでアウトプットできる事務所があったとすれば、クライアントがどちらと仕事をしたいかは明らかです。常に70点のアイデアを100パーセントでアウトプットするのが、プラットホームの在り方なのです。

状況を「耕す」

デザインを手がける以上、当然のことながら結果を求められます。この場合、結果とは何を指すのでしょうか。それは、クライアントの期待を超えることだと自分は思います。つまりクライアントの期待を把握できていないことは、デザイナーにとって最もハイリスクな状態なのです。そうした事態を避けるために、プロジェクトの初めにオリエンテーション（オリエン、ブリーフィング）というステップがあります。

会社の歴史と現状、今後の方向性、手がける商品の位置付け、ターゲット、短期的な目標と長期的なビジョン、売り場の環境、競合商品の動向、ユーザーの期待、過去の成功体験、失敗事例など、情報が多ければ多いほどクライアントの期待があぶり出されます。

期待が分からないということは、まるで目隠しをしてピッチングをするようなものです。まぐれでストライクゾーンに球が入ったところで、打者を打ち取れるレベルの制球は期待できません。キャッチャーミットとホームベースをきちんと視界にとらえて初めて、球種やコースなど、対戦打者との駆け引きが可能になるのです。時速160キロメートルの豪速球を投げても、超一流の変化球を投げても、暴投では意味がないのです。これこそが〝才能豊かな〟デザイナーが陥る落とし穴です。

逆に、散々話し合った結果、クライアントの期待が全く見えない、あるいはそもそも期待がない、というケースもあります。こういったプロジェクトは残念ながらお断りをさせて頂きます。ない期待に応えることはできないので…。オリエンには、このようにリトマス試験紙のような効果もあるのです。相手の期待が分かって、初めてそれに応えることや、それを超えることが可能になります。とはいえ、いい形でオリエンを受けることは簡単ではありません。「オリエンがダメだったからデザインもダメでした」と、デザイナーの口から言うわけにもいきません。

そこで、デザイナーは理想的なオリエンをクライアントから引き出す、もしくは一緒になって作成する、くらいの意識でこのプロセスに参加する必要があると考えます。そして、議論を突き詰めていくことで相手の期待を理解するだけでなく、その期待を設定し直すことすらできると考えています。つまり、会話を通じて、お互いに1つのイメージを共有するのです。

ここまでできれば、プレゼンが失敗する可能性は限りなくゼロになった、と言っても過言ではありません。プレゼンよりもオリエンの方が何倍も重要だと感じるのは、このためです。クライアントが同じデザイナーと長く付き合うことで失敗する可能性が少なくなるのは、こういった共通の理解があるからだと思います。

nendoは1つのデザイン分野に特化することなく、建築、インテリア、家具、工業製品、グラフィックなど、守備範囲は多岐にわたります。駆け出しの頃に「5つの分野をやっている」と言うと「5分の1ずつしかやっていない便利屋さん」という冷ややかな見られ方をしました。ただし、海外で同じ話をすると「5倍頑張っているんだね」という評価をされて、そのギャップに驚いた記憶があります。やはり日本では、専門家に頼みたいというのが一般的なクライアント心理のようです。ただし、これは間違いではないでしょうか。数十年前まで大工の棟梁が建築からインテリア、家具まで手がけてきましたし、茶人が茶室や掛け軸、茶器などをすべて1人でデザインしてきたことを考えると、細分化しているさまざまなデザイン分野もそもそも同じ1本の幹から枝分かれしたことが分かります。効率化のために、最近になって分業化したに過ぎないのです。

そういった意味で、nendoは特別に新しいことをしているのではなく、モノ作りの原点に回帰しているというだけの話です。一見すると専門家のように映らないかもしれませんが、「デザイン」の専門家なのです。

このような活動形態にはさまざまなメリットがあります。異なるジャンルのモノ作りを複合させることでクライアントのメッセージをより立体的で強固なものにできたり、何よりもアウトプットの引き出しが増えるので、プロジェクトの成功率が飛躍的に上がるのです。

空間をデザインすることで強いインパクトを表現したり、予算が少ないのであればグラフィック的な解決法を採用したり…。場合によってはその両者を複合するなど、オプションが増えることで問題解決のための作業をスムーズに進められます。無理をするとどこかしらにしわ寄せというか、副作用が生じるものです。そういったものはプロジェクトの終盤に必ず顔を覗かせます。最初にリスクを予測し、クライアントを確実にゴールまで誘導することが重要なのです。

種

クライアントと「育てる」

耕す作業を正しく行うことができれば、プロジェクトの種であるアイデアも、オリエンの場でいろいろ発見できるようになります。これは、後でデスクに座って1人で頭を抱えてアイデアを絞り出す作業よりも格段に楽です。そして、そのアイデアとクライアントのイメージとの間に大幅なズレがないかを、その場で確認できるため、アイデアの精度をぐっと高めることが可能になります。この段階で、同じ方向性の案をたくさん考えても意味がないので、解決への道筋が異なるアイデアを、常に複数案並走させます。

万が一、技術的、コスト的、あるいはスケジュール的な壁にぶつかったときには、アイデアを1つしか用意していないと、クライアントに致命的な迷惑をかけかねません。とはいえ、プレゼンの段階で必ずしも複数の案を提示するとは限らず、優先順位を付けたうえで、状況に応じて提案の数を調整します。プロジェクトのゴールをうまくイメージできないクライアントに対しては、シミュレーション的な意味も込めて提案の数を多めにします。プロジェクトの参加人数が多い場合には、それぞれの視点の違いを意識して、案の方向性をドラスティックに散らせてみたりします。また、経験がある程度豊富で、クリエーティブ能力に長けているクライアントに対しては、提案の数を絞り込む分、より深く掘り下げて、その場で金型を発注できるレベルにまで作り込んだりもします。

一番大切なことは、できるだけ高い次元でクライアントとアイデアを共有することです。そのためには、プレゼンに用いる模型やCGは、できるだけリアルで具体性を伴ったものじゃないといけないと考えています。お菓子のパッケージをプレゼンするときに、売り場の棚ごと作って、そこに競合商品と一緒に並べて見せることもあります。

「このアイデアを生かすために、さらに新しい技術を開発したい」とか、「周辺の環境もデザインした方がいいんじゃないだろうか?」とか、「1アイテムじゃなくて2つの商品で展開してもおもしろいんじゃないか」など、当初のオリエン内容の枠組みを飛び出して、プロジェクトに広がりが生まれることが理想です。刺激を与えることで、クライアントから新たなアイデアを引き出し、それを我々の提案に組み入れることで、種はブラッシュアップされ、より魅力的なアイデアへと「育って」いくのです。

この「育てる」フェーズにおけるnendoの特徴としては、次の2つがあります。

1「70点」のアイデアをたくさん見付ける。

2 クライアントの期待を超えるプレゼン資料を「3倍速」でまとめる。

どちらも通常のデザイン事務所の考え方とは逆行しています。1つ目ですが、一般的なデザイナーは、どうしても100点のアイディアを求めるものです。ただし、これをすると安定感は格段に下がります。まるで「三振かホームランか」という感じのバッティングになってしまいます。学生ならまだしも、プロである以上、「成功すること」よりも「失敗しないこと」に大きな価値があります。

現在、nendoのアイデアワークをすべて、佐藤オオキ自分1人で行っています。ただし、これではまだプラットホームとは呼べません。オフィス内の別のデザイナー、あるいは複数のデザイナー陣によって、安定して70点以上のアイデアを捻出し続けられるシステムを構築することが、目下の課題です。ファッションのメゾンはそうですよね。クリスチャン・ディオールさんがいなくても、「ディオールらしい」デザインが毎シーズン安定して発表されています。デザイナーが定期的に変わってもデザインの根幹が維持され続けていることが、プラットホームという考え方には不可欠なのです。

そして2つ目。これは完全に「スピード重視」の考え方です。自分が知っている範囲では、nendoほどスピードを最優先させているデザインオフィスはありません。なぜならば「時間をかけた方が良いものができる」という考えが一般的だからです。つまり、クオリティーと時間が比例している、と考えられています。

でも、自分の経験上、アイデア出しのフェーズにおいてそんな法則は一切ありません。むしろ、通常の3倍の速度でアイデアを形にすることができれば、同じスケジュール内で3倍の量の提案をすることも、3分の1の時間で提案して残りの3分の2の時間で軌道修正をすることもできます。つまり、失敗をしてもリカバリーが可能になるのです。時間内にリカバリーすることができれば、それは失敗ではなくなります。むしろクライアントの信頼を獲得することすらあります。

このように、スピードによって、オプションが増えるのです。モノ作りをキャッチボールに例えると、デザイナーがボールを長く持っていていいことは何1つありません。工場の職人さんら作り手にボールをできる限り長く持たせることでクオリティーが高くなるのです。1回しか試作ができないスケジュール内で、もし2回試作できたとしたら、品質は大幅に向上することでしょう。デザイナーが稼いだ時間によって、革新的な製造方法を開発できるかもしれません。そのためにデザイナーは1日でも早く、アイデアを高いクオリティーで生み出すことが重要なのです。

nendoのスタッフの平均年齢は約27歳と若く、海外のデザイナーも多いため、オフィス内は明るく、学校の延長のように賑やかな雰囲気です。しかし、これと同時に高い精度の仕事が常に求められ、緊張感と競争意識が確実に存在しています。

「担当を任されるプロジェクト数が最近少なくなった」と不安になり涙を流す者や、「後輩に先を越された」と挫折し、デザイナーの道を捨てる者もいます。そのぐらいギリギリの精神状態で切磋琢磨しています。

学校で教えてくれるデザインはサッカーで言う「ペナルティーキック」みたいなものです。ボールが止まっていて、妨害をするディフェンダーもいません。最低限のキック力とコントロールがあればゴールを決められます。ただし、これができたからといってプロのサッカー選手になれるわけではありません。味方も相手チームの選手も、ボールも常に動いています。体調、ケガ、ピッチのコンディション、サポーターの期待など、さまざまな状況の変化の中でゴールを決める必要があります。これればかりは試合を重ねることでしか身に付きません。nendoでは、そのような育成方法を採用しています。

オリエン中に浮かんだアイデアを自分が数日後にスケッチという形にして、1人のプロジェクト担当デザイナーに手渡します。その際に、クライアントの雰囲気や特徴、配慮すべき点なども簡潔に伝えます。後にディテールを共同作業で決定することはあっても、この段階で複数のデザイナーでブレーンストーミングをすることはありません。アイデアの「鮮度」が損なわれるからです。

難易度にもよりますが、２～３日後には模型とＣＧを完成させ、検証作業を行います。そのためにオフィス内には３台の３Ｄプリンターと1台の切削機、３台の切り抜き加工機があり、ほとんど24時間フル稼働しています。立体物を手にとって形状を確認することで、デザインのクオリティーを飛躍的に高められるのです。

自分が海外出張をする場合、移動が多くほぼ毎晩違う都市のホテルに泊まります。行く先々で滞在するホテルに、３Ｄプリンターで出力した模型が東京のオフィスからFEDEXで送られてきます。自分がデザインを確認し、デザイナーに指示を与えるためです。確認後は守秘義務のため、バラバラに破壊して、また次の都市に移動する、の繰り返しです。まるで出来の悪いスパイ映画のようです。

超短納期のプロジェクトであれば、初期段階の模型を微調整し、研磨と塗装によって簡単に表面を仕上げたものをクライアントにプレゼンします。オリエンからここまでで４日程度です。このサイクルを３～４回高速回転することで、２週間もあれば完成度の高い模型とＣＧが出来上がるわけです。

このようなプレゼンが1週間にだいたい３、４件あります。新規クライアントによるオリエンも、これと同じくらいのペースで受けています。ＣＧはプロジェクトの内容に応じて、床のツヤ感や背景色、影の柔らかさなど、できるだけイメージがしやすいようにチューニングされ、最後は出力する紙質も選びます。スピードとクオリティーを両立するから、１年間に２５０件以上のプロジェクトに取り組めるのです。

プロジェクトを担当するデザイナーは、普通のオフィスよりも多くの経験を短期間に積むことができるため、2年もすれば、ほぼ一人前のプロのデザイナーに成長します。4年目ともなると管理職としての業務もこなすようになります。

ほとんどが2〜3年すると大手企業のインハウスデザイナーとして引き抜かれたり、自分の事務所を設立して独立していきます。これはデザインオフィスとしてはあまり喜ばしいことではありませんが、それだけ人材を育てることに成功しているわけですし、何より成長して新たなステージで頑張っている姿を見るのは頼もしい限りです。

アイデアを「収穫する」

種が無事に育つと、最後は収穫しなければなりません。デザインは団体競技です。自分1人では何1つ実現できません。クライアント、協力会社、オフィス内のデザイナー陣とマネジメントスタッフが一枚岩になって初めてアイデアを形にできるため、このフェーズにおける相互のコミュニケーションと連携は不可欠です。

nendoには、空間デザインをすべて統括している鬼木と、マネジメント業務を一手に管理している伊藤がいます。彼らに自分を加えた3人によって、250件以上抱えるプロジェクトにどんなに些細な「ほころび」が生じても、迅速にケアできる態勢になっています。

オニキと自分が手分けをすることで、世界中で進行中のインテリアの現場を細部までチェックできます。自分は海外出張を毎月2週間程度していますが、オニキもまた頻繁に海外の現場に足を運ぶ必要があるため、香港のホテルで数時間だけ2人で落ち合って、またそれぞれ別の国に飛ぶということもザラにあります。

プロダクトやグラフィック系のプロジェクトは、自分がすべてのサンプルを確認することでクオリティー管理を行います。プロジェクトが形になると、作品撮影のディレクションを行います。出来上がった成果物を正しいイメージでコミュニケーションすることも、デザインオフィスの重要な役目なのです。それを世界中のメディアに配信し、記者会見やプレスパーティー、展示会などもも自ら行います。

こういった業務は伊藤によってすべてコントロールされるのですが、何か1プロジェクトのデザインを手がけると、広告出稿料換算で、通常は数百万円、多いときは数千万円相当のメディア露出を実現します。この発信力もnendoの大きな武器です。こういったPR機能に期待して、プロジェクトを依頼してくるクライアントも少なからずいるわけですが、それ自体の善し悪しはさておき、自分たちが手がけたアイデアが1人でも多くの人々の目と耳に届くことは、大切なことだと考えています。海外だとこのようなPR効果に対して、フィーを別途請求するデザイナーもいるようですが、今のところ自分たちにはそのような考えはありません。

このように、3人はnendoにおいて決して代わりの利かないストロングポイントであると同時に、そのこと自体が重大な欠点でもあります。前述したとおり、個人の能力に依存しているうちは、まだプラットホームとして不完全なのです。逆に、この3人を除いて、事務所内のどのデザイナーが入れ替わっても、一定のクオリティーのアウトプットを常に維持できるシステムは確立できています。

デザインオフィスを経営するうえで、担当デザイナーの入れ替わりによってクオリティーが左右することは、なんとしても防がなくてはなりません。また、デザイナーを縛り付けるのではなく、本人が気持ち良く次のステップに移行できるような場所でありたい。そんな想いも背後にあります。新しく誰が入っても安定した品質を提供し続けること。これは12年間走り続けて築き上げたノウハウであり、一朝一夕で真似できるものではありません。

これこそが、冒頭の「ジレンマ」に対する最大の解消策なのです。誤解を招きそうなので補足をすると、デザイナーに「代わりが利くこと」と、彼らへの「感謝」は全く別の話です。現在、40人ほどのデザイナーが在籍していて、これまでに100人以上がnendoの名刺を手にしました。今でも過去に手がけたデザインを見ると、最前線で歯を食いしばって頑張った担当デザイナーの顔をはっきりと思い出します。彼らなくして今のnendoは存在しません。

自分にはカリスマ性も富もあるわけではなく、nendoが結果を出すことでしか、彼らの努力に応えてあげることはできません。それがそのまま、自分の両肩に重くのしかかる責任感となるのです。そして、デザイナーが1人増えるごとに、その責任感がまた少し重くなるのを感じます。なので、海外で大きな賞などを頂くと、彼らが選んだこの場所が決して間違っていなかったことを、ほんの少しだけ証明できたような、喜びではなく安堵の気持ちが湧いてきます。そんな具合に今日もまた、走り続けています。

(行動術の章は文/佐藤オオキ)

技術主導型の製品開発からライフスタイルをふまえたデザイン開発への転換期となり、日本ではウォークマンが誕生、女性がスカートで乗れるスクーターも開発された1970年代後半に、佐藤オオキは生まれた。その後、彼が大学時代を過ごした2000年前後は、プロダクトデザインの動向がそれまで以上に注目されるようになった時期。企業から独立する若手デザイナーも増え、若手のインデペンデントデザイナーが活躍する時代を迎える。

佐藤も大学院修了後、自身の活動をスタートさせた。そして瞬く間に世界の舞台にメジャーデビューを果たし、デビュー10年で各国のデザイン誌に特集される立場となった。日本のデザインに注目が集まる時期に重なるが、佐藤の躍進はそれだけが理由ではないだろう。試行錯誤を重ねてきたことや、世界を移動し、その場の空気を全身で受け止めつつ考えたことが、nendoの活動には活かされている。どのような状況にあっても、時代の流れをつかみながら返答できるしなやかな姿勢も、企業家たちの心をとらえている。nendoの特色を今一度挙げてみよう

自分の作品を世に残すことに躍起になるのではなく、依頼に自由自在に応える姿勢を持つ。依頼に対し確実にボールを返せることが信条。確実にボールを返すために多くの引き出しを持つ。脱力系デザイナーと言われるが、手抜きではない。力を抜いて、時代の流れを感じとっている。企業とのやりとりやデザイン作業は、淡々と、ぎりぎりまで、ねばり続ける。与えられた状況を因数分解するように分析する。理論的な思考が活動の基本にある。実は体育会系のチームであり、約40名の若いスタッフが全力で作業にあたっている。

企業とのやりとりには、常にスピード感を持って応えている。「何もないところに大事なことがある」が持論。可能性を見出すのがnendoの仕事。

企業からの依頼内容を冷静に分析しながらも、軽やかに、ユーモアも含んだ返答を示す佐藤。それも知的な遊び心やアイロニーを含んでいる点が、各国の企業から支持されている所以のようだ。さらに注目したいのは、現状のモノ作りをとりまく常識に対しても、因数分解するかのように向き合っていること。既存のルールを改善することを考え、枠を一度崩して作り変えることすら厭わない。軽快で遊び心溢れるデザインは、様々な思考とともに実現されているのだ。

問題をいかに解決し、実行していくのか。心に響くメッセージをどう伝えるのかという我々の日常に必要とされる行動を考えるとき、デザインの関係者はもちろん、広く様々な分野の方々に佐藤の視点や活動を参考にしていただけるのではないかと思う。多数のヒントが潜んでいる。

本書では取材に応えてくださった皆様を始め、多くの方々のご協力をいただきました。

企画、編集を手がけて下さった『日経デザイン』の下川一哉編集長、アートディレクターの加藤恵さん、nendoの伊藤明裕さんにも大変にお世話になりました。そして共著者でもある佐藤オオキさん。その思考法と行動術を改めて強く実感することになった貴重な機会となりました。

この場をお借りしまして、皆様にお礼を申し上げます

川上典李子

ウラからのぞけばオモテが見える
佐藤オオキ nendo・10の思考法と行動術

2013年10月21日　第1版第1刷発行
2018年 5月 9日　第1版第9刷発行

著者	佐藤オオキ
	川上典李子
発行人	杉山俊幸
編集長	丸尾弘志〈日経デザイン〉
カバー写真	林雅之
カバーデザイン協力	nendo
デザイン	加藤恵／AD　小林慶一　谷本里奈〈エステム〉
発行	日経BP社
発売	日経BPマーケティング
	〒105-8308 東京都港区虎ノ門4-3-12
印刷	図書印刷株式会社

ISBN978-4-8222-6485-7

本書籍に関するお問い合わせ、ご連絡は下記にて承ります。
http://nkbp.jp/booksQA